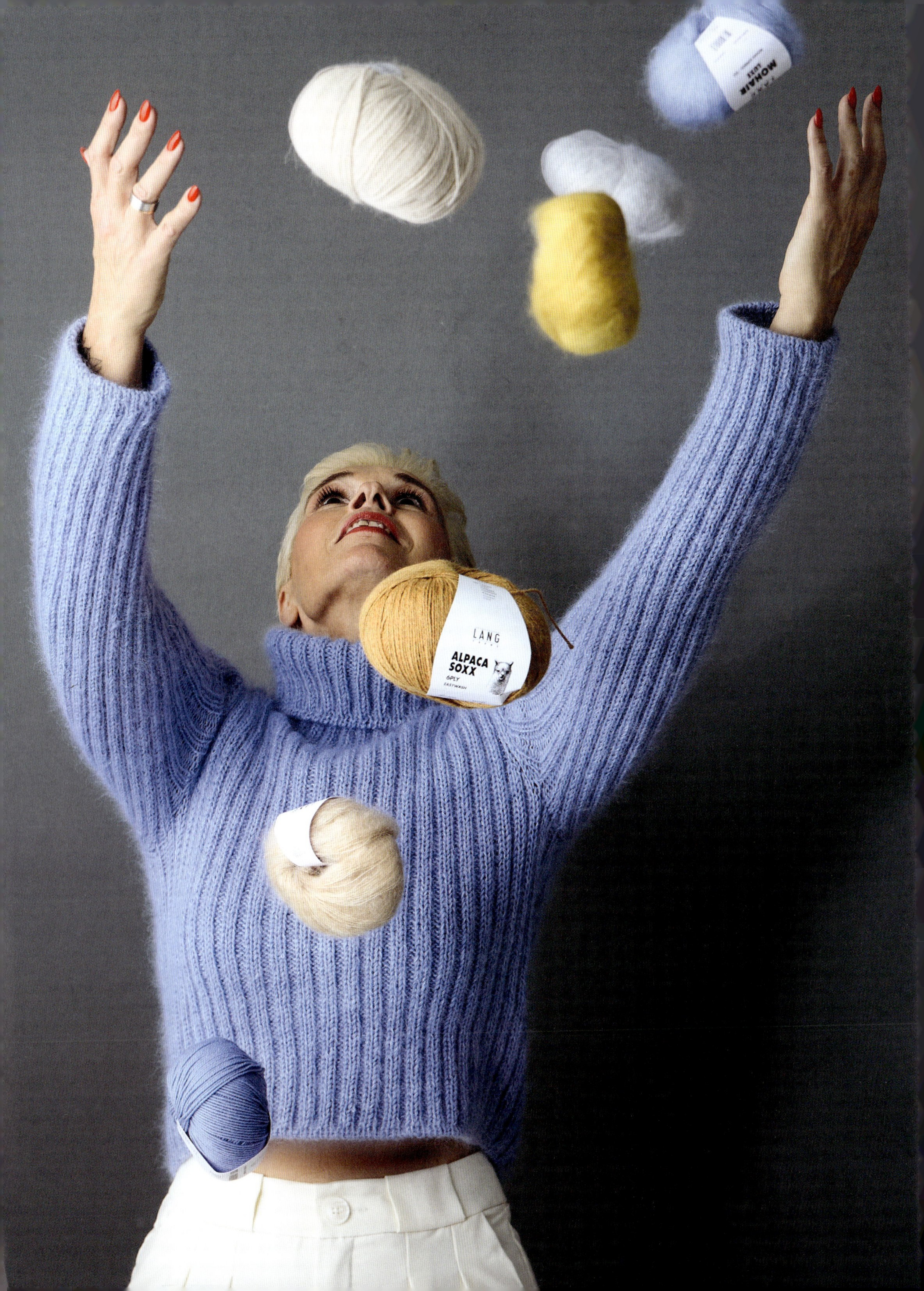
MOHAIR
LUXE
LANG
ALPACA
SOXX
6PLY
EASYWASH

FEIN Gefühl

KUSCHELPULLOVER TOP-DOWN STRICKEN

MIT PROFI-TIPPS VON RAGLAN BIS CONTIGUOUS

ANDREA BRAUNEIS

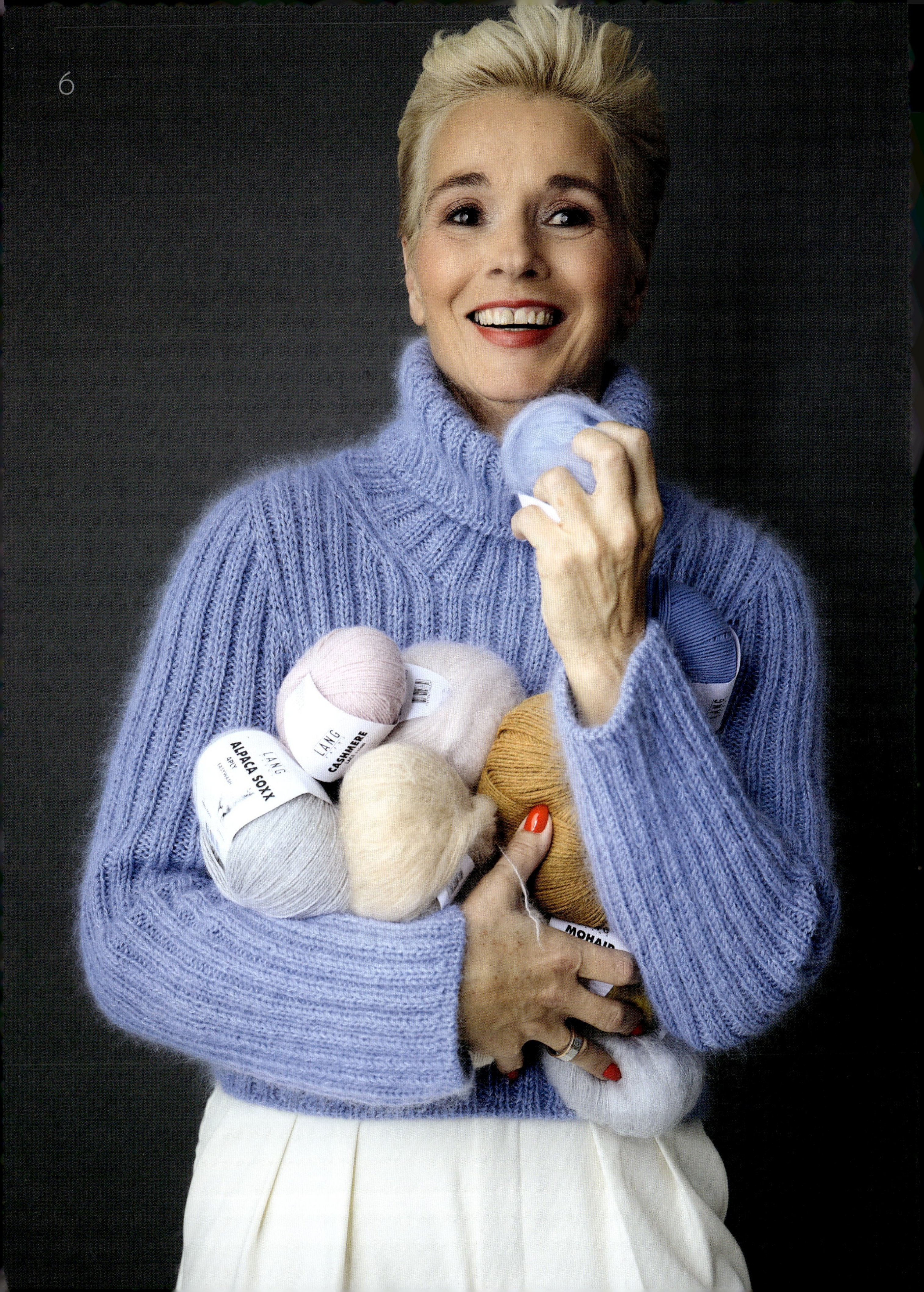
LANG
ALPACA SOXX
4PLY
LANG
CASHMERE
MOHAIR

Das Designen und Stricken ist für mich nicht nur einfach mein Beruf – es bringt mir jeden Tag Freude, Spaß und meditative Auszeiten. Wenn ich entwerfe, die passenden Garne dazu aussuche, zähle und rechne, um die Maße auf mein aktuelles Modell anzupassen, dann ziehe ich mich komplett in meine Welt zurück und für andere Gedanken bleibt kein Raum. Eine für mich sehr wichtige und willkommene Auszeit in unserer hektischen Welt.

Zudem finde ich es so unglaublich schön, wenn man die Gabe hat, sich seine eigene Kleidung zu stricken. Immer ein Unikat – in eigenen Farben und in der von uns selbst ausgewählten Garnqualität! Für die meisten von uns Stricker:innen ist dieser Prozess also schon lange mehr als ein Hobby!

Ich habe hier in diesem Buch 15 Pullover vereint, die alle top down gestrickt werden und verschiedene Konstruktionsarten verwenden. So bleibt es immer wieder spannend auf den Stricknadeln und es entstehen einzigartige Unikate. Von der Contiguous-Shoulder-Methode, über Raglan bis hin zu den beliebten schrägen Schulterlinien.

Eine große Inspiration bei den im Buch enthaltenen Modellen ist für mich der kuschelweiche Mohair-Trend, der gerade in den nordischen Ländern verbreitet ist: Ein Grundgarn zusammen mit einem Mohair-Faden verstrickt, ergibt ein ganz besonders edles haptisches Gefühl und zaubert deinem neuen Lieblingsmodell einen traumhaft schönen Halo-Effekt.

Ich hoffe, ich kann dich ein bisschen mit auf die Strickreise nehmen und du findest den einen oder anderen neuen Favoriten, der in deinem Kleiderschrank nicht fehlen darf! Ich wünsche dir viel Freude beim Stöbern und Nachstricken der Modelle in diesem Buch und denke immer daran:

Always happy knitting!

Deine

Lilli 10
SCHRÄGE SCHULTERLINIEN

Matilda 18
RAGLAN

Bloom 26
U-BOOT-AUSSCHNITT

Ruby 34
RUNDPASSE

Daisy 40
SCHRÄGE SCHULTERNAHT

Esme 46
CONTIGUOUS METHODE

Flora 52
RUNDPASSE

Aria 58
CONTIGUOUS MIT ÜBERZOGENEN SCHULTERN UND ANGESTRICKTEN ÄRMELN

Lexie 66
SCHRÄG VERLAUFENDE SCHULTER-LINIE

Dotty 74
SCHRÄGE SCHULTERLINIE MIT V-NECK

Yoko 80
RAGLAN

Marlie 88
RAGLAN

Yuna 96
RAGLAN

Elsie 104
SCHRÄGE SCHULTERLINIEN

Pearl 114
CONTIGUOUS-METHODE

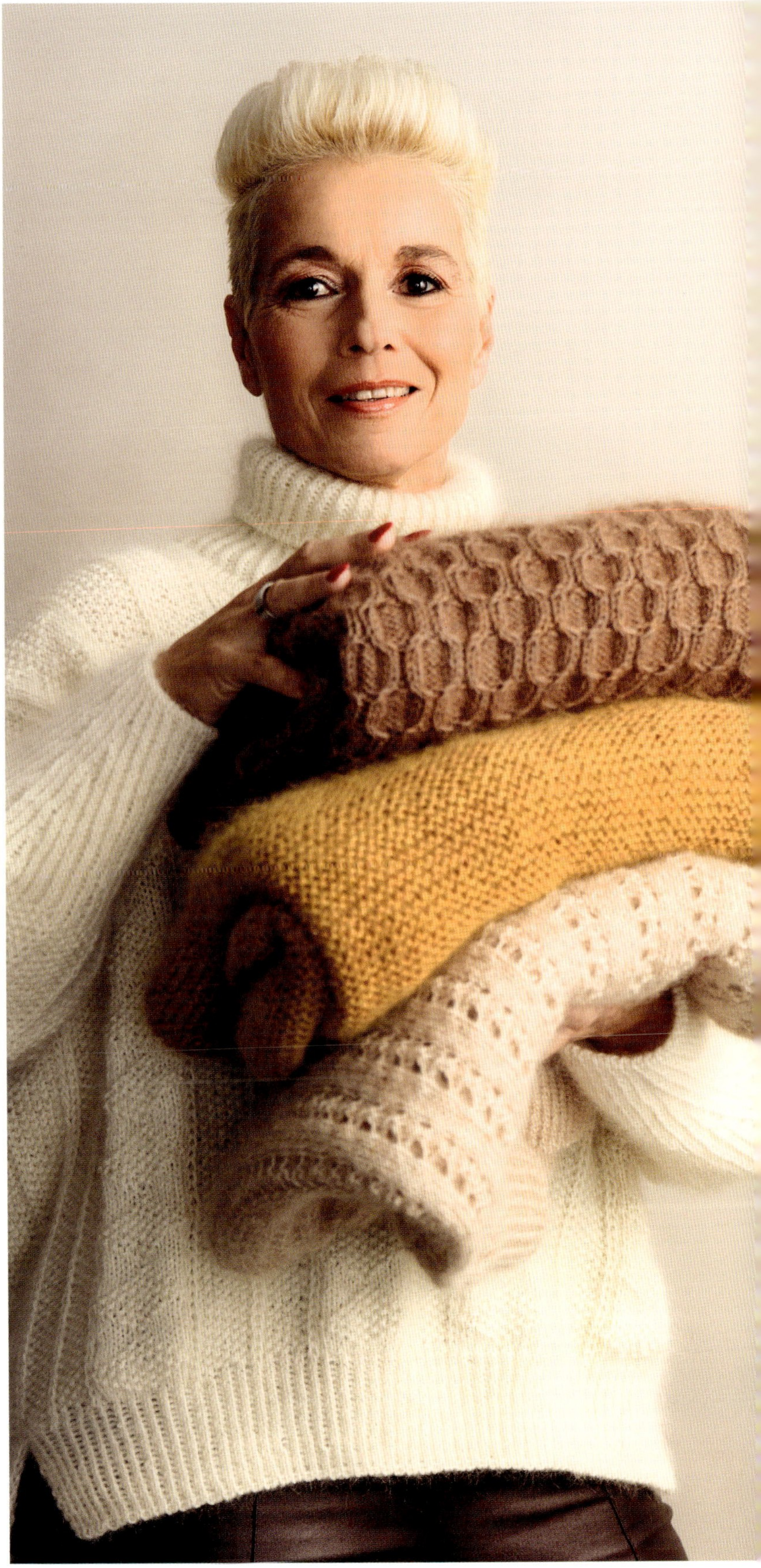

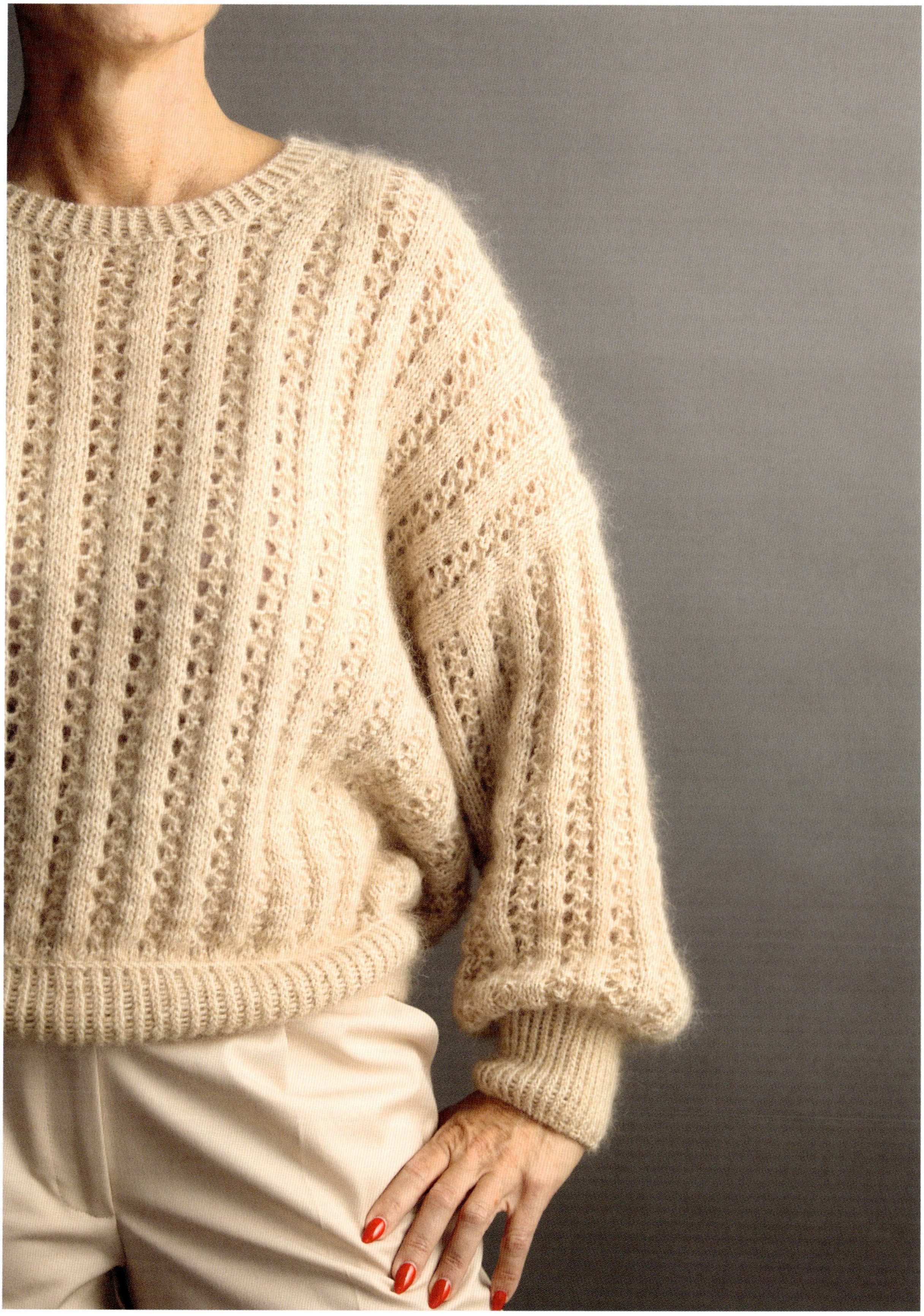

Lilli

Der Sweater wird von oben nach unten gestrickt. Glatt rechte Streifen werden hier im Wechsel mit einem zarten Pointelle-Muster gestrickt. Du startest mit dem hinteren Halsausschnitt und formst durch verkürzte Reihen die Schulterschrägen. Danach strickst du beide Vorderteilhälften direkt an und nach Erreichen der Halsausschnittweite fügst du diese zusammen. Sobald die Armlochhöhe erreicht ist, legst du die Maschen von Vorder- und Rückenteil zusammen und strickst in Runden weiter. Die Maschen für die Ärmel nimmst du direkt aus den Armlochöffnungen auf und strickst diese ebenfalls in Runden. Ein hübsches Detail sind die querverlaufenden Nähte an den Schulterpartien, Kragen und jeweils vor den Bündchen. Der Kragen, sowie Ärmel- und Saumbündchen werden im 1/1 Rippenmuster gestrickt und italienisch abgekettet.

2 SCHWIERIGKEITSGRAD

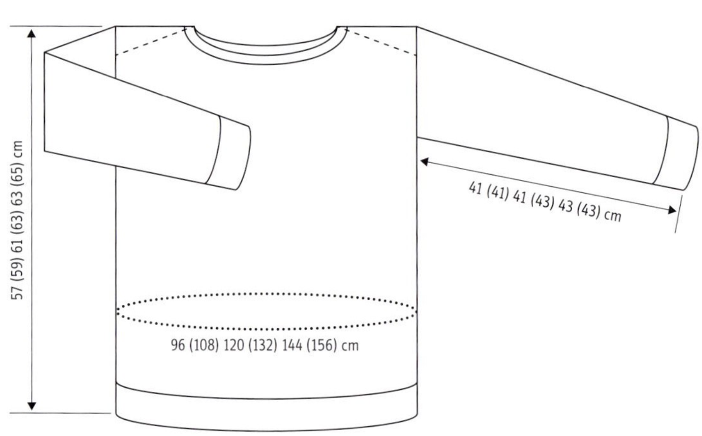

Größen

Lilli hat einen legeren Schnitt mit überzogenen Schultern und sollte im Oversize-Look mit einer positive ease (= Mehrweite) von 10 cm bis zu 20 cm getragen werden.

	GRÖSSE 1	GRÖSSE 2	GRÖSSE 3	GRÖSSE 4	GRÖSSE 5	GRÖSSE 6
GESTRICKTE OBERWEITE	96 cm	108 cm	120 cm	132 cm	144 cm	156 cm
GESAMTLÄNGE	57 cm	59 cm	61 cm	63 cm	63 cm	65 cm
UNTERARMLÄNGE	41 cm	41 cm	41 cm	43 cm	43 cm	43 cm

Alle Werte sind ca.- Angaben. Diese können durch die Wahl des Garns und die Strickeigenschaften abweichen. Die Länge des Körpers und der Ärmel kann individuell angepasst werden.

Material

LANGYARNS Alpaca soxx 4 ply (70% Alpaka, 30% Polyamid, LL 390 m/100 g) in Sand (Fb 26), 300 (300) 300 (400) 400 (500) g

LANGYARNS Mohair Luxe (77% Mohair, 23% Seide, LL 175 m/25 g) in Sand (Fb 22), 125 (150) 175 (200 (225) 250 g

Beide Qualitäten werden zusammen verstrickt.

Rundstricknadeln 4,0 mm, 60, 80 und 100 cm lang

Evtl. Nadelspiel 4,0 mm

Separate Seile oder extra Fäden zum Stilllegen von Maschen

Maschenmarkierer

Maschenprobe

Im Grundmuster mit Nd 4,0 mm 20 M und 28 R = 10 cm x 10 cm

Muster

VERSCHRÄNKTES 1/1 RIPPENMUSTER

In Rd: 1 M rechts verschränkt, 1 M links verschränkt im Wechsel str.

VERKÜRZTE REIHEN (GERMAN SHORT ROWS)

Die M einer R gemäß den Angaben im Muster plus der angegebenen Zahl an M str. Die Arbeit wenden. Den Arbeitsfaden vor die Arbeit legen und die erste M wie zum Links-Str abheben. Den Faden über die Nd hinweg nach hinten legen und fest anziehen. Optisch liegen nun zwei M-Glieder auf der Nd = Doppelmasche (DM).
Bei Erscheinen der DM wird diese einfach und dem Muster entsprechend gestrickt, indem man in beide M-Glieder sticht.

GLATT RECHTS

In R: Hinr: Alle M rechts str. Rückr: Alle M links str.
In Rd: Stets rechte M str.

GRUNDMUSTER IN REIHEN

1 Mustersatz = 7 M und 4 R.
1.+2. R: Glatt rechts.
3. R: * 4 M glatt rechts, 3 M Lochmuster = [1 U, 3 M rechts überzogen zusammenstricken (= 1. M abheben, 2 M rechts überzogen zusammenstricken, die 1. M über diese M heben), 1 U] *, von *-* fortlaufend wdh.
4. R: * 3 M rechts (über dem Lochmuster), 4 M links*, von *-* fortlaufend wdh.

GRUNDMUSTER IN RUNDEN

1 Mustersatz = 7 M und 4 Rd.
1.+2. Rd: Glatt rechts str.
3. Rd: * 4 M glatt rechts, 3 M Lochmuster = [1 U, 3 M rechts überzogen zusammenstricken (= 1. M abheben, 2 M rechts überzogen zusammenstricken, die 1. M über diese M heben), 1 U] *, von *-* fortlaufend wdh.
4. Rd: * 4 M rechts, 3 M links (über dem Lochmuster) *, von *-* fortlaufend wdh.
Wiederhole die 1.-4. R/Rd fortlaufend in der Breite und Höhe, gemäß den Angaben in der Anleitung.

QUERLIEGENDE MASCHEN

Hebe die 1. M ab, stricke die 2. M rechts, lege die 1. abgehobene M vor die 2. M stricke diese rechts = querliegende M, * stricke die nächste M rechts und lege die querliegende M wiederum vor die soeben gestrickte M und stricke diese rechts*, wiederhole nun den Arbeitsschritt von *-*, bis alle M gestrickt sind. Die letzte M ist die querliegende M, diese rechts str.

Anleitung

Schlage mit beiden Garnqualitäten zusammen 97 (111) 125 (139) 153 (167) M an, schneide den Faden ab.
Hebe 29 (36) 43 (50) 57 (64) M ohne diese zu str auf die rechte Nd.
Stricke nun mit verkürzten R das Rückenteil im Grundmuster:
1. R: 39 M für den hinteren Halsausschnitt rechts str, + 2 M rechts str, Arbeit wenden = 41 M.
2. R: DM, 40 M links, + 2 M links, Arbeit wenden = 43 M.
3. R: DM, 1 M rechts, 5x 7 M Grundmuster str, 6 M rechts, + 2 M rechts, Arbeit wenden = 45 M.
4. R: DM, 3 M rechts, 5x (4 M links, 3 M rechts), 4 M links, 2 M rechts, + 2 M = 1 M rechts, 1 M links, Arbeit wenden = 47 M.
Die 3.+4. R nun solange wdh, bis alle M rechts und links des Halsausschnittes gestrickt sind, dabei die zusätzlichen M sinngemäß in das Muster einfügen. Für die Größen 1 (3) und 5 werden in den letzten 2 R jeweils 3 M dazu gestrickt.
Die angeschlagene M-Zahl ist somit erreicht und man hat folgende Mustereinteilung auf der Nd:

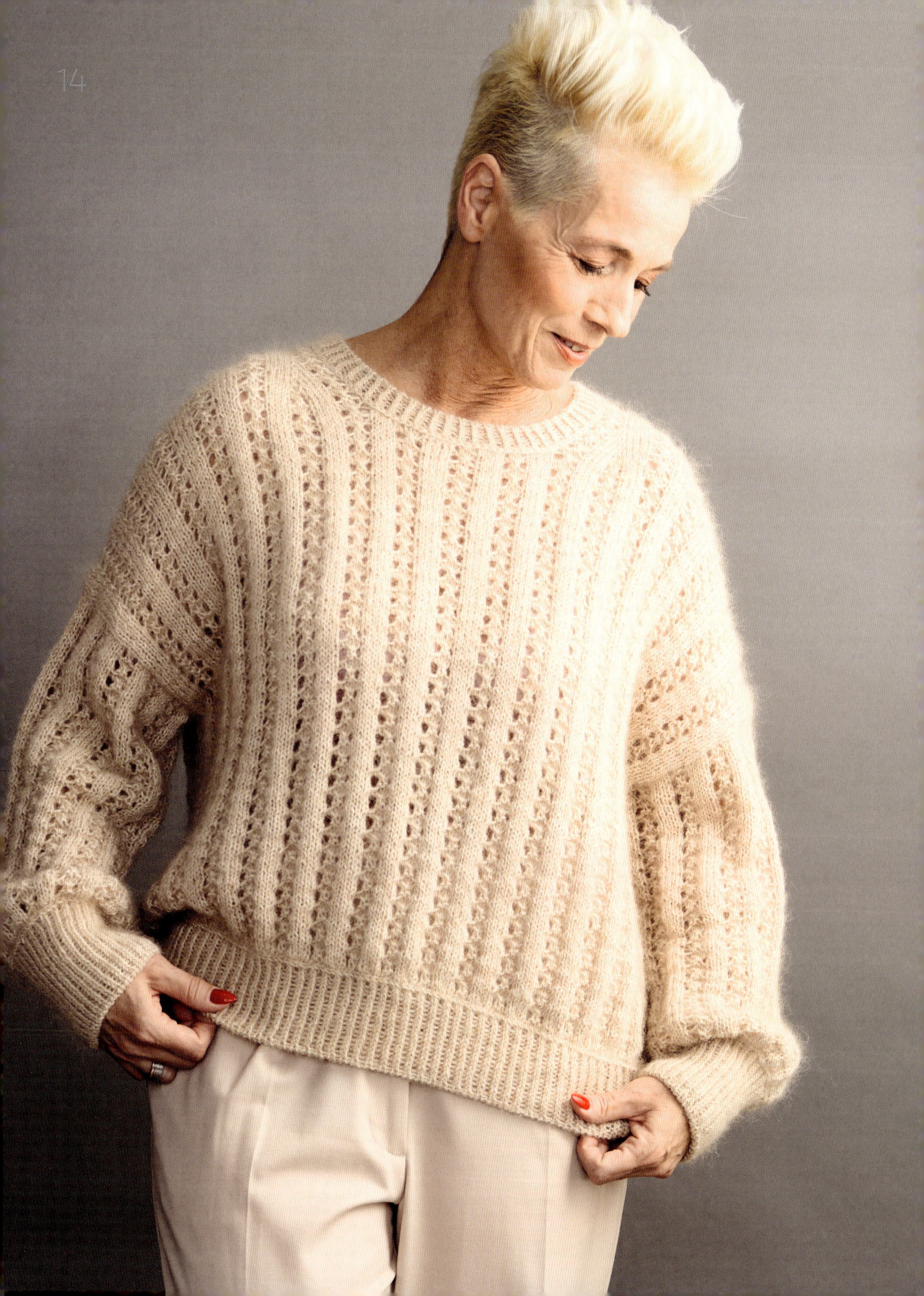

Rdm, 13 (15) 17 (19) 21 (23)x den Mustersatz des Grundmusters à 7 M, 4 M rechts, Rdm.
Weitere 28 (34) 38 (42) 46 (48) R im Muster str, anschließend alle M stilllegen und den Faden abschneiden.

ANSTRICKEN DER LINKEN SCHULTER UND FORMUNG DES HALSAUSSCHNITTES

Nimm aus der linken Schulterkante 30 (37) 44 (51) 58 (65) M auf. Stich dazu direkt in die Rdm ein und achte darauf, in einer M-Reihe zu bleiben. Den Arbeitsfaden abschneiden und 1 R querliegende M str.
Eine Rückr linke M str.
Stricke nun das Muster exakt passend zu der M-Einteilung des Rückenteils:
1. R = 3. R des Grundmusters: Rdm rechts, 4 (5) 6 (7) 8 (9)x (3 M Lochmuster, 4 M rechts), Rdm rechts.
2. R = 4. R des Grundmusters: Rdm links, 4 (5) 6 (7) 8 (9) x, (4 M links, 3 M rechts), Rdm rechts.
Weitere 18 (18) 18 (22) 26 (26) R in dieser Einteilung str.
Nimm nun für die Rundung des Halsausschnittes in jeder 2. R 7x 1 M zu. In den nicht beschriebenen Rückr zwischen den Zunahme-R werden die M im Muster gestrickt.
Hier werden Zunahmen, die sich mustergemäß nach rechts oder links neigen, gestrickt:
Zun-re: Mit der linken Nd von hinten den Querfaden auf die Nd heben und rechts str.
1. Zunahme-R: Rdm rechts, 3 M Lochmuster, 1 Zun-re, 25 (32) 39 (46) 53 (60) M im Muster str, Rdm rechts.
2. Zunahme-R: Rdm rechts, 3 M Lochmuster, 1 M rechts, 1 Zun-re, 25 (32) 39 (46) 53 (60) M im Muster str, Rdm rechts.
3. Zunahme-R: Rdm rechts, 3 M Lochmuster, 2 M rechts, 1 Zun-re, 25 (32) 39 (46) 53 (60) M im Muster str, Rdm rechts.
4. Zunahme-R: Rdm rechts, 3 M Lochmuster, 3 M rechts, 1 Zun-re, 25 (32) 39 (46) 53 (60) M im Muster str, Rdm rechts.
Die nächsten 3 Zunahmen werden in das Lochmuster eingefügt:
5. Zunahme-R: Rdm rechts, 3 M Lochmuster, 4 M rechts, 1 Zun-re, 25 (32) 39 (46) 53 (60) M im Muster str, Rdm rechts.
6. Zunahme-R: Rdm rechts, 3 M Lochmuster, 4 M rechts, 1 M Lochmuster, 1 Zun-re, 25 (32) 39 (46) 53 (60) M im Muster str, Rdm rechts.
7. Zunahme-R: Rdm rechts, 3 M Lochmuster, 4 M rechts, 2 M Lochmuster, 1 Zun-re, 25 (32) 39 (46) 53 (60) M im Muster str, Rdm rechts.

ANSTRICKEN DER RECHTEN SCHULTER UND FORMUNG DES HALSAUSSCHNITTES

Hier gegengleich zur linken Schulter str. Die Zunahmen für die Rundung des Halsausschnittes links geneigt str.
Zun-li: Mit der linken Nd von vorne den Querfaden auf die Nd heben und rechts verschränkt str.

> Die R-Angaben der linken Schulterseite von hinten lesen, so erhält man die korrekte Einteilung der rechten Seite.

Die rechte und linke Schulterhälfte werden nun zusammengefügt, dazwischen werden für den Halsausschnitt 23 M neu angeschlagen:
35. (35.) 35. (39.) 43. (43.) R: Alle M der rechten Schulterhälfte im Muster str, 23 M mit dem Schlingenanschlag neu anschl, die M der linken Schulterhälfte wieder auf die linke Nd legen und diese im Muster str = 97 (111) 125 (139) 153 (167) M.
In der folgenden Rückr alle M mustergemäß str, die neu aufgenommenen M links str.
Weitere 24 (36) 48 (54) 62 (72) R im Muster str.

ZUSAMMENLEGEN VON VORDER- UND RÜCKENTEIL

Stricke alle M des Vorderteils im Muster, 1 M im Schlingenanschlag neu anschl, lege die M des Rückenteils wieder auf die Nd und stricke sie im Muster, 1 M im Schlingenanschlag neu anschl, setze für den Rd-Beginn einen MM und schließe die Arbeit zur Rd = 196 (224) 252 (280) 308 (336) M.
Stricke den Körper nun in Rd bis zu einer Gesamthöhe – gemessen im Rückenteil ab Anschlag – von

ca. 50 (52) 54 (56) 56 (58) cm. Die letzte Rd sollte eine 4. Rd des Grundmusters sein.
In der nächsten Rd werden jeweils über die 4 glatt rechten M 2 M rechts überzogen zusammengestrickt: 1 M rechts, 2 M rechts überzogen zusammenstricken, 1 M rechts = 168 (192) 216 (240) 264 (288) M.
Stricke anschließend eine Rd mit querliegenden M, siehe hierzu die Beschreibung oben.
Weitere 7 cm im verschränkten 1/1 Rippenmuster str.
Alle M italienisch abk, hierzu folgende Vorbereitungs-Rd str:
1. Rd: * 1 M rechts verschränkt, 1 M links verschränkt abheben mit dem Faden vor der Arbeit *, von *-* bis zum Rd-Ende wdh.
2. Rd: * 1 M rechts verschränkt abheben mit dem Faden hinter der Arbeit, 1 M links verschränkt str *, von *-* bis zum Rd-Ende wdh.
Den MM um 1 M nach rechts versetzen und alle M italienisch abk.

ÄRMEL

Nimm aus den Rdm des Armausschnittes 70 (77) 84 (91) 98 (105) M auf. Beginne hier bei dem mittleren Achselrand des Körperteils und schließe die Arbeit zur Rd, setze einen MM für den Rd-Beginn.
Das Muster einteilen, hierfür den Mustersatz à 7 M 10 (11) 12 (13) 14 (15)x str.
Stricke nun 31 (31) 31 (33) 33 (33) cm im Grundmuster.
In der nächsten Rd werden jeweils über die 4 glatt rechten M 2x 2 M rechts überzogen zusammengestrickt = 50 (55) 60 (65) 70 (75) M.
Für Größe 2 (4) 6 zusätzlich an einer beliebigen Stelle 2 M rechts überzogen zusammenstricken = 54 (64) 74 M.
Anschließend eine Rd mit querliegenden M str.
Weitere 10 cm im verschränkten 1/1 Rippenmuster str.
Arbeite nun wie beim Körper beschrieben 2 Vorbereitungs-Rd und kette die M italienisch ab.
Den zweiten Ärmel identisch str.

KRAGEN

Nimm aus den Rdm des Halsausschnittes 110 (110) 110 (118) 118 (124) M auf. Beginne an der schräg verlaufenden Schulternaht im Rückenteil, setze direkt 1 MM für den Rd-Beginn und schließe anschließend die Arbeit zur Rd.
Wie zuvor beschrieben, eine Rd mit querliegenden M str.
Danach strickst du 6 Rd im verschränkten 1/1 Rippenmuster.
Arbeite nun wie beim Körper beschrieben 2 Vorbereitungs-Rd und kette die M italienisch ab.

FERTIGSTELLUNG

Alle Fäden sorgfältig vernähen. Falls erforderlich, den Sweater gemäß den Angaben des Garnherstellers waschen, liegend in Form ziehen und trocknen lassen.

Profi-Tipp

„WELCHE GRÖSSE PASST ZU MIR?"
Die Angaben zur Positive ease (= Mehrweite) stellen sicher, dass der Pullover später genau so sitzt, wie du es auf dem Foto siehst. Wenn du dir unsicher bist, ob die angegebene Mehrweite dir gefällt, messe deinen Brustumfang und den Brustumfang eines deiner Lieblingspullover, der dir vom Sitz besonders gut gefällt. Die Differenz gibt dir an, mit wie viel positive ease du normalerweise deine Pullover trägst und kann dir ein guter Hinweis sein, um die richtige Größe für dich auszuwählen.

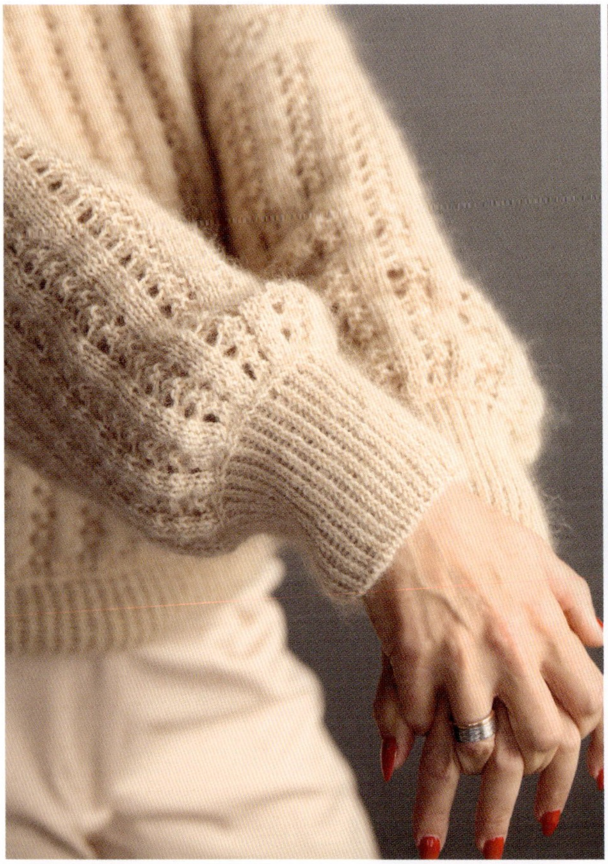

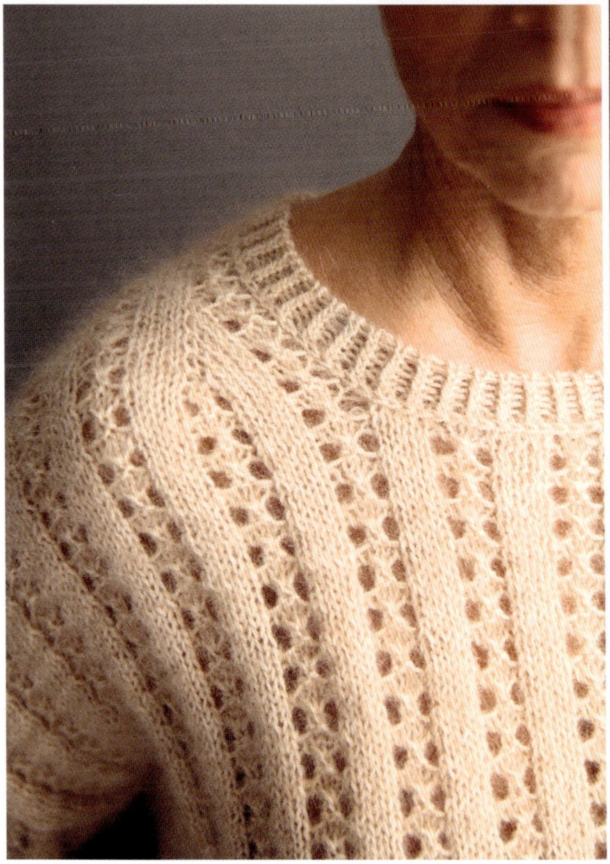

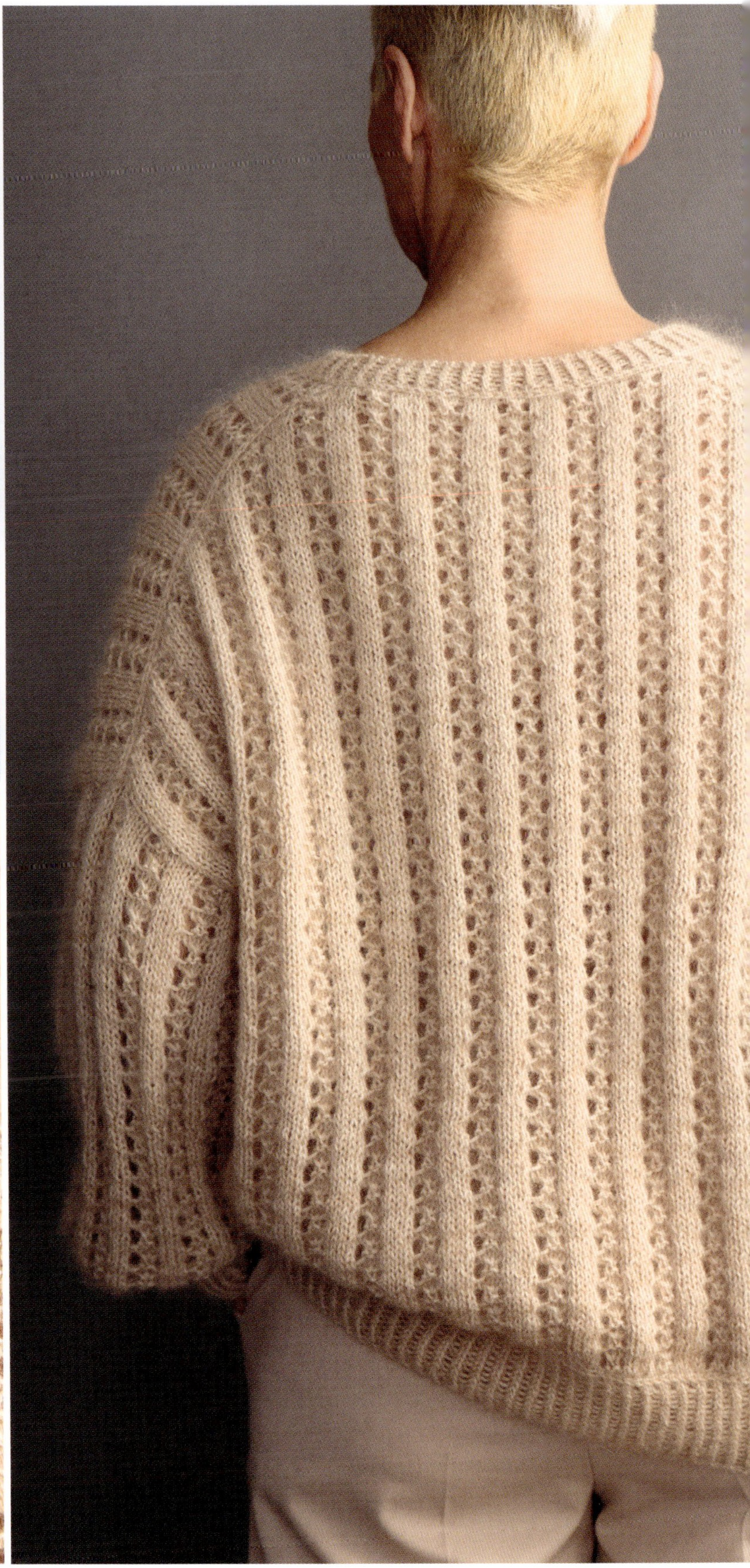

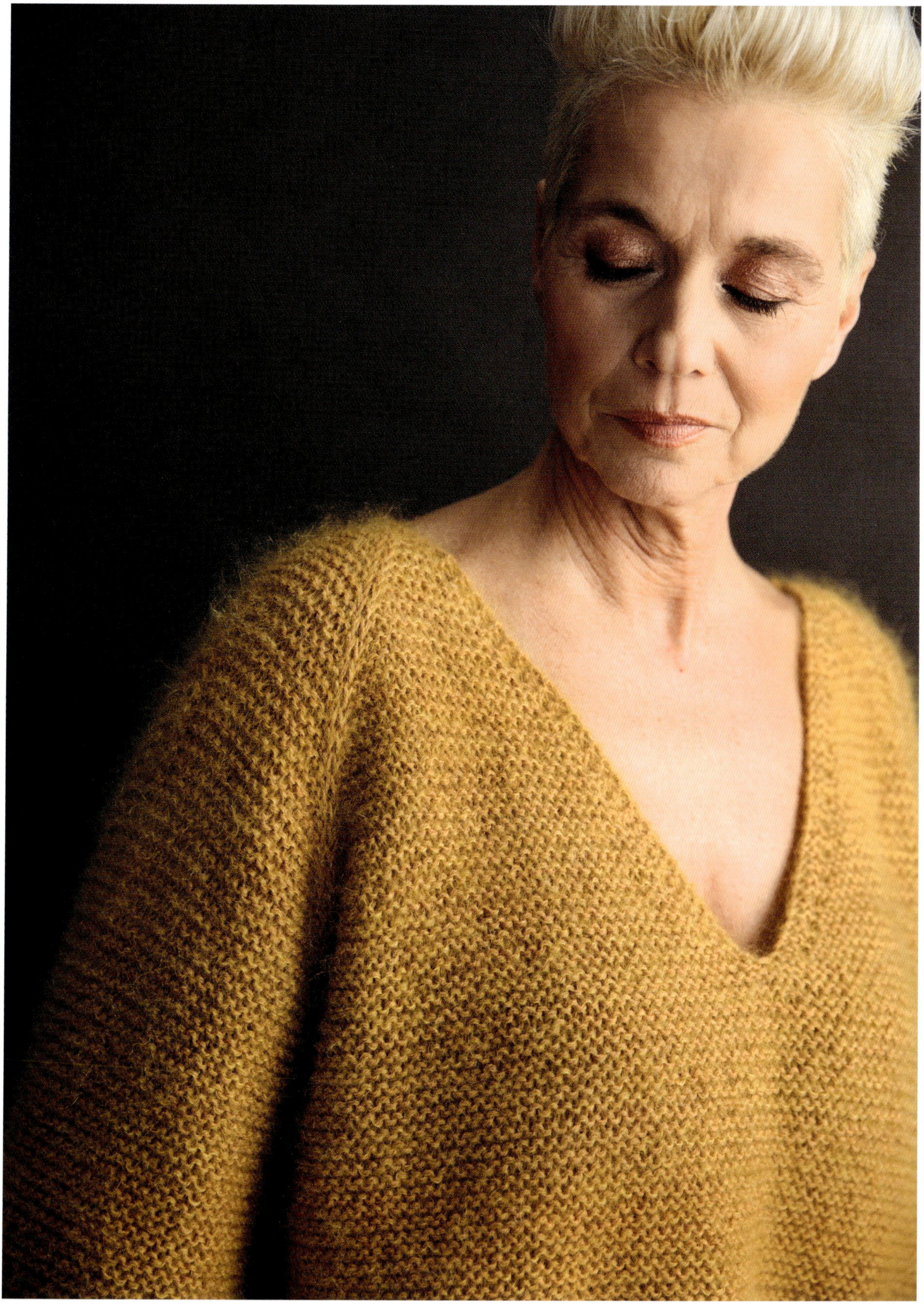

Matilda

Matilda ist ein einfacher kraus rechts gestrickter Raglan-Sweater mit einem tiefen V-Ausschnitt. Du startest am hinteren Halsausschnitt und formst durch Raglanzunahmen Rückenteil, Ärmel und das rechte und linke Vorderteil. Sobald die Maschen für den V-Ausschnitt erreicht sind, strickst du in Runden weiter. Anschließend trennst du die Maschen des Körpers von den Ärmelmaschen und strickst den Körper in Runden bis zu deiner Wunschlänge. Ein kleiner Schlitz seitlich und ein hübscher I-Cord inklusive einer kleinen Schleife bilden hier den Abschluss. Die Ärmel strickst du auch in Runden weiter und kettest diese auch mit einem I-Cord ab.

1 SCHWIERIGKEITSGRAD

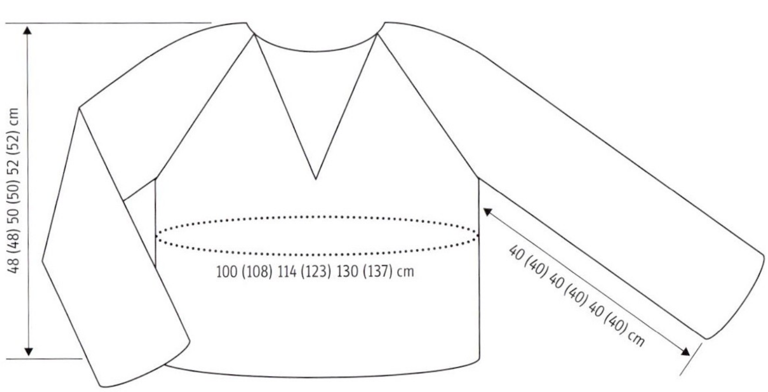

Größen

	GRÖSSE 1	GRÖSSE 2	GRÖSSE 3	GRÖSSE 4	GRÖSSE 5	GRÖSSE 6
GESTRICKTE OBERWEITE	100 cm	108 cm	114 cm	123 cm	130 cm	137 cm
LÄNGE	48 cm	48 cm	50 cm	50 cm	52 cm	52 cm
UNTERARMLÄNGE	40 cm	40 cm	40 cm	40 cm	40 cm	40 cm

Alle Werte sind ca.- Angaben. Diese können durch die Wahl des Garns und die Strickeigenschaften abweichen. Die Länge des Körpers und der Ärmel kann individuell angepasst werden.

Material

LANGYARNS Alpaca soxx 6 ply (70 % Alpaka, 30 % Polyamid, LL 390 m/150 g) in Goldgelb (Fb 50), 300 (300) 450 (450) 600 (600) g

LANGYARNS Mohair Luxe (77% Mohair, 23% Seide), LL 175 m/25 g in Goldgelb (Fb 150), 100 (100) 125 (150) 175 (200) g

Beide Qualitäten werden zusammen verstrickt.

Rundstricknadeln 4,5 mm, 60, 80 und 100 cm lang

Nadelspiel 4,0 mm

Separate Seile oder extra Fäden zum Stilllegen von Maschen

Maschenmarkierer

Maschenprobe

Im Grundmuster mit Nd 4,5 mm 17 M und 30 R = 10 cm x 10 cm

Muster

GRUNDMUSTER IN REIHEN

1. R: Alle M rechts str.
2. R: Alle M rechts str.

GRUNDMUSTER IN RUNDEN

1. Rd: Alle M rechts str.
2. Rd: Alle M links str.
Die 1. und 2. R/Rd fortlaufend wdh.

RAGLANZUNAHMEN (RGZ) RECHTS UND LINKS DER RAGLANMASCHE

RgZ rechts: Stricke jeweils bis zur markierten Raglan-M. Stich mit der rechten Nd von hinten in das rechte M-Glied der M unterhalb der Raglan-M und stricke es rechts verschränkt ab. Stricke nun die Raglan-M rechts.
RgZ links: Stich mit der linken Nd von hinten in das M-Glied unterhalb der Raglan-M, und stricke es rechts verschränkt ab.
Bis zum Schließen des V-Ausschnittes strickst du die Raglan-M in der Rückr links.

RANDMASCHE

Hebe in jeder R die 1. M der R rechts ab und stricke die letzte M der R rechts.

ZUNAHMEN

Zun-re: Hebe den Querfaden zwischen 2 M von hinten auf die linke Nd und stricke ihn rechts ab.
Zun-li: Hebe den Querfaden zwischen 2 M von vorne auf die linke Nd und stricke ihn rechts verschränkt ab.

Anleitung

Schlage mit beiden Garnqualitäten zusammen 38 M an und stricke eine Rückr im Grundmuster in der folgenden Einteilung:
Rdm, MM setzen, 1 Raglan-M links, MM setzen, 2 M für den rechten Ärmel, MM setzen, 1 Raglan-M links, MM setzen, 28 M für das Rückenteil, MM setzen, 1 Raglan-M links, MM setzen, 2 M für den linken Ärmel, MM setzen, 1 Raglan-M links, MM setzen, Rdm.
Hebe die MM an der jeweiligen Stelle zur besseren Übersicht ab.
1. R: Rdm, Raglan-M, 1 RgZ links, 2 M rechts, 1 RgZ rechts, 1 Raglan-M, 1 RgZ links, 28 M rechts, 1 RgZ rechts, 1 Raglan-M, 1 RgZ links, 2 M rechts, 1 RgZ rechts, 1 Raglan-M, Rdm = 44 M.
2. R: Stricke mustergemäß.
3. R: Rdm, 1 Zun-li, 1 Raglan-M, 1 RgZ links, 4 M rechts, 1 RgZ rechts, 1 Raglan-M, 1 RgZ links, 30 M rechts, 1 RgZ rechts, 1 Raglan-M, 1 RgZ links, 4 M rechts, 1 RgZ rechts, 1 Raglan-M, 1 Zun-re, Rdm = 52 M.
4. R: Stricke mustergemäß.
5. R: Rdm, 1 M rechts, 1 RgZ rechts, 1 Raglan-M, 1 RgZ links, 6 M rechts, 1 RgZ rechts, 1 Raglan-M, 1 RgZ links, 32 M rechts, 1 RgZ rechts, 1 Raglan-M, 1 RgZ links, 6 M rechts, 1 RgZ rechts, 1 Raglan-M, 1 RgZ links, 1 M rechts, Rdm = 60 M.
6. R: Stricke mustergemäß.
7. R: Rdm, 1 M rechts, 1 Zun-li, 1 M rechts, 1 RgZ rechts, 1 Raglan-M, 1 RgZ links, 8 M rechts, 1 RgZ rechts, 1 Raglan-M, 1 RgZ links, 34 M rechts, 1 RgZ rechts, 1 Raglan-M, 1 RgZ links, 8 M rechts, 1 RgZ rechts, 1 Raglan-M, 1 RgZ links, 1 M rechts, 1 Zun-re, 1 M rechts, Rdm = 70 M.
8. R: Stricke mustergemäß.

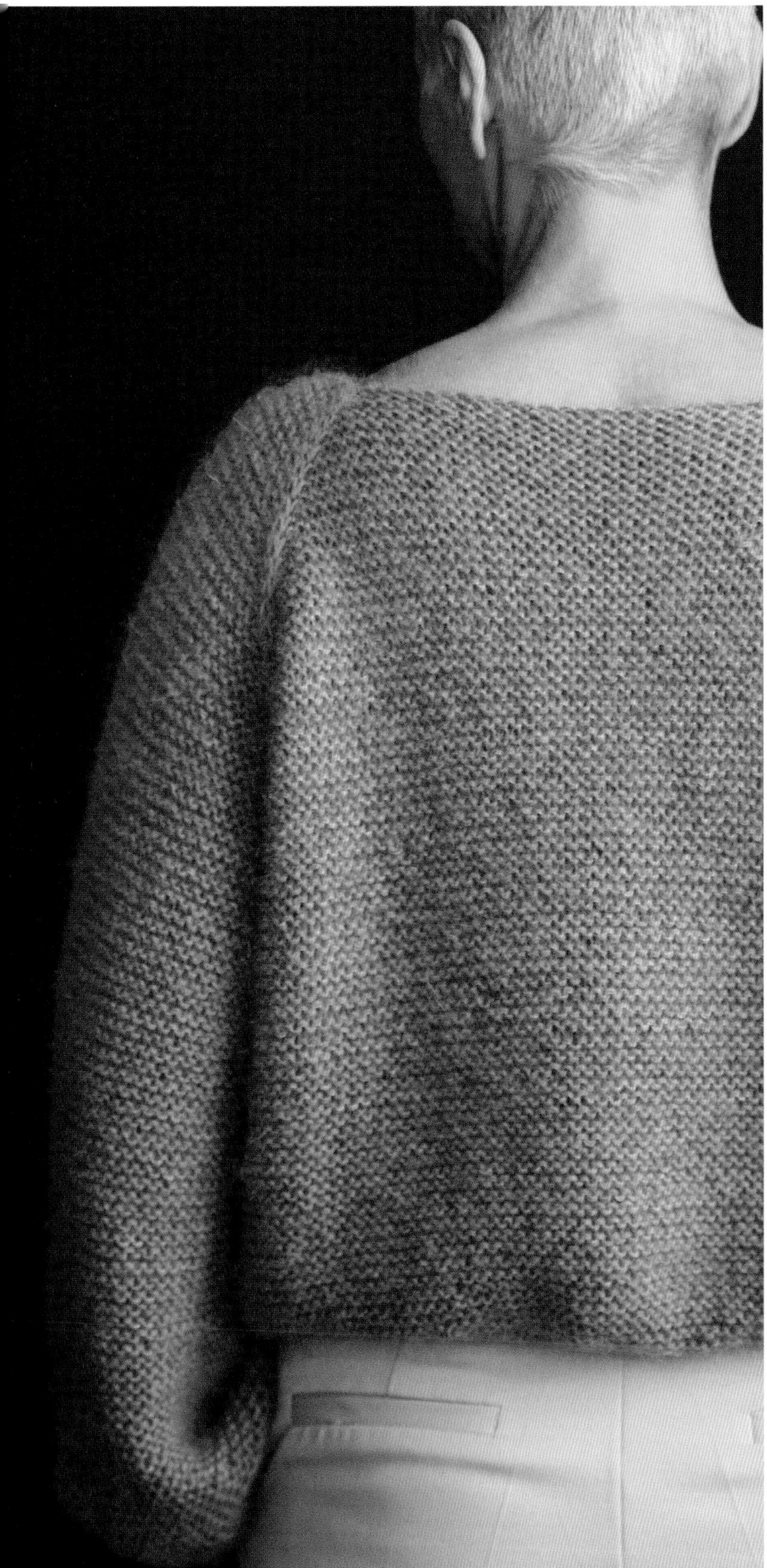

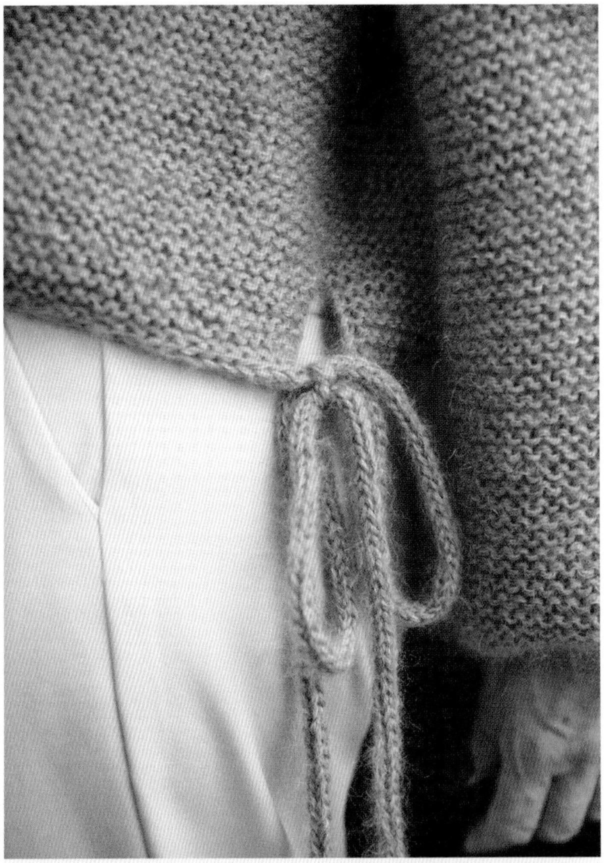

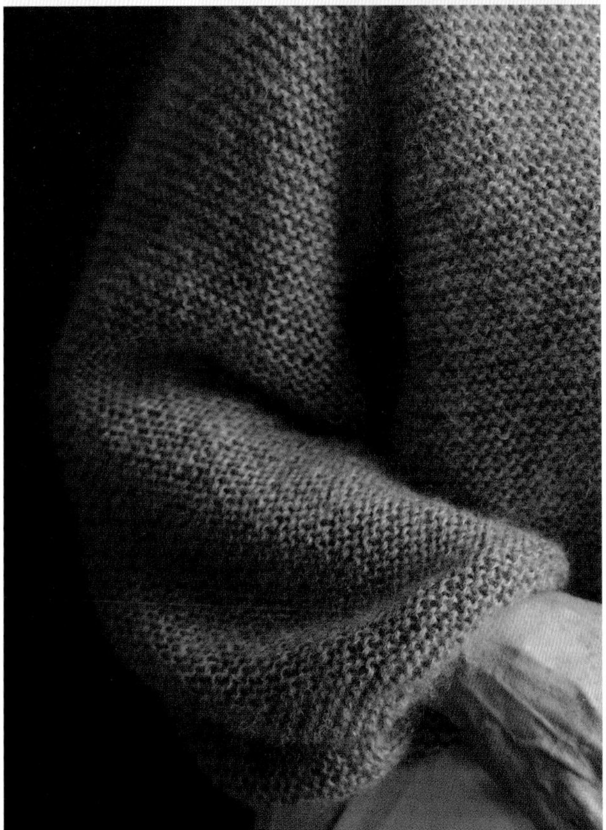

9. R: Rdm, 4 M rechts, 1 RgZ rechts, 1 Raglan-M, 1 RgZ links, 10 M rechts, 1 RgZ rechts, 1 Raglan-M, 1 RgZ links, 36 M rechts, 1 RgZ rechts, 1 Raglan-M, 1 RgZ links, 10 M rechts, 1 RgZ rechts, 1 Raglan-M, 1 RgZ links, 4 M rechts, Rdm = 78 M.
10. R: Stricke mustergemäß.
11. R: Rdm, 2 M rechts, 1 Zun-li, 3 M rechts, 1 RgZ rechts, 1 Raglan-M, 1 RgZ links, 12 M rechts, 1 RgZ rechts, 1 Raglan-M, 1 RgZ links, 38 M rechts, 1 RgZ rechts, 1 Raglan-M, 1 RgZ links, 12 M rechts, 1 RgZ rechts, 1 Raglan-M, 1 RgZ links, 3 M rechts, 1 Zun-re, 2 M rechts, Rdm = 88 M.
12. R: Stricke mustergemäß.
Stricke die 9.-12. R für Größe 1 noch 11x = 286 M, für Größe 2 noch 12x = 304 M, für alle anderen Größen noch 13x = 322 M.
In der folgenden R wird der V-Ausschnitt für alle Größen geschlossen.
Für Größe 1 (2) 3 werden hier auch die M der Ärmel von den M des Körpers getrennt:
Schneide deinen Arbeitsfaden ab.
Lege alle M des linken Vorderteils, ohne diese zu str, auf die rechte Nd, lege die Raglan-M sowie alle M des Ärmels und die folgende Raglan-M auf einem separaten Seil/Faden still, schlage 2 (4) 4 Achsel-M an, setze in der Mitte dieser M einen MM für den Rd-Beginn, stricke alle M des Rückenteils, lege die Raglan-M sowie alle M des Ärmels und die folgende Raglan-M auf einem separaten Seil/Faden still, schlage 2 (4) 4 Achsel-M an, stricke nun alle M der rechten und linken Vorderteilhälfte nacheinander = 170 (184) 194 M.
Für Größe (4) 5 (6) werden weiterhin noch 3 (6) 9 weitere Raglanzunahmen gestrickt.
Bitte beachte hierbei, dass die RgZ nur in jeder zweiten Rd gestrickt werden = (346) 370 (394) M.
Schneide deinen Arbeitsfaden ab.
Nach Beendigung der RgZ lege die folgende Raglan-M, alle M des linken Ärmels sowie die folgende Raglan-M still, schlage 6 Achsel-M neu an, setze in der Mitte dieser M einen MM für den Rd-Beginn, stricke alle M des Rückenteils, lege die Raglan-M sowie alle M des rechten Ärmels und die folgende Raglan-M auf einem separaten Seil/Faden still, schlage 6 Achsel-M an, stricke alle M des Vorderteils = (210) 222 (234) M.
Für alle Größen: Stricke nun den Körper in Runden weiter, bis er eine Gesamtlänge (gemessen im Rückenteil ab Anschlag) von ca. 43 (43) 45 (45) 47 (47) cm erreicht hat.
Teile die Arbeit am Rd-Beginn und stricke weitere 5 cm in Reihen weiter.
Nimm in der letzten Hinr gleichmäßig verteilt 28 (30) 30 (36) 38 (40) M ab = 142 (154) 164 (174) 184 (194) M.
Kette nun alle M mit Nd 4,0 mm und einem I-Cord ab:
Schlage 2 M zusätzlich an. *Stricke diese 2 M rechts, die darauffolgenden 2 M rechts verschränkt zusammen, lege nun diese 3 M einzeln wieder auf die linke Nd* und wdh die Arbeitsschritte von *-*, bis du nur noch insgesamt 3 M auf der Nd hast.
Nun stricke noch über weitere 50 cm eine Kordel, nimm hierzu 2 Nd eines Nd-Spiels zu Hilfe.
Stricke die 3 M rechts, schiebe die Nd durch die M zurück, ziehe den Faden fest an und wiederhole diesen Arbeitsschritt fortlaufend. Stricke die M anschließend rechts überzogen zusammen.
Nimm direkt aus den Anfangsmaschen des I-Cords 3 M auf und stricke hier, wie zuvor angegeben, eine Kordel in gleicher Länge.

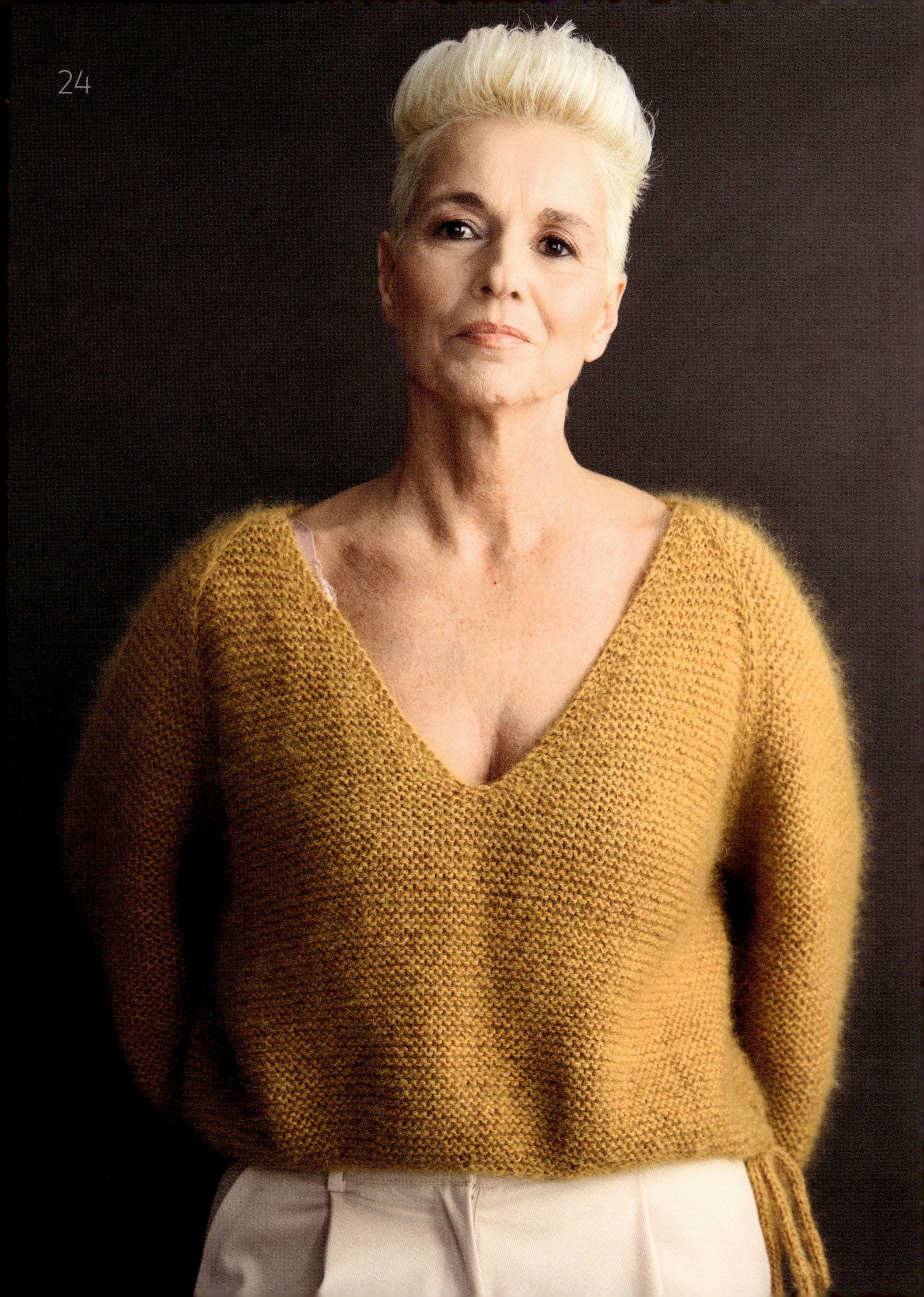

ÄRMEL

Lege alle 60 (64) 68 (74) 80 (86) M wieder auf eine Nd und stricke direkt aus dem Achselrand des Körpers 2 (4) 4 (6) 6 (6) Achsel-M heraus, setze in der Mitte der Achsel-M einen MM für den Rd-Beginn.
Stricke in Rd weitere 40 cm, gemessen ab der Achsel.
Nimm in der letzten Rd gleichmäßig verteilt 40 M ab und kette alle M mit einem I-Cord ab.
Siehe hierzu die Erklärung beim Körperteil.

FERTIGSTELLUNG

Vernähe alle Fäden sorgfältig. Falls erforderlich, wasche den Sweater gemäß den Angaben des Garnherstellers, ziehe ihn in Form und lass ihn liegend trocknen.

Profi-Tipp

„MUSS ICH MEINEN PULLOVER NACH DEM STRICKEN WASCHEN?"
Du musst ein Strickstück aus Mohair nicht zwangsläufig waschen, damit es in Form kommt oder das Maschenbild schöner ist. Zumeist ist dies schon direkt der Fall und es reicht vollkommen aus, wenn du deinen Pullover hängend abdampfst. Dies kannst du ganz wunderbar mit einem Steamer oder einem Bügeleisen, das diese Funktion besitzt, tun.

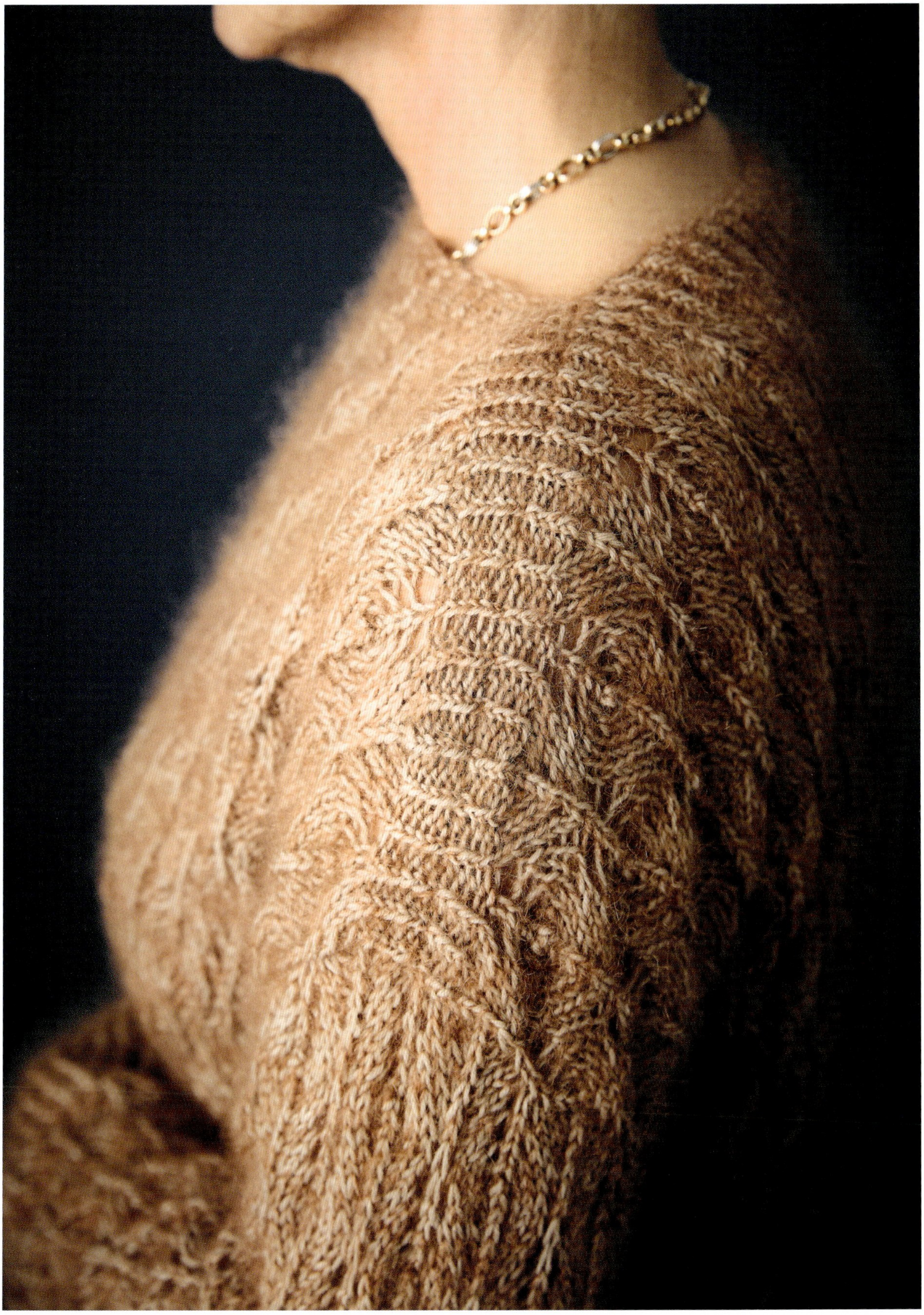

Bloom

Bloom ist ein gerade geschnittener Sweater in einem einfachen Ajourmuster. Du strickst zuerst die hintere Ausschnittblende, die zur besseren Passform mit verkürzten Reihen erhöht gestrickt wird. Bei Erreichen der Armausschnitthöhe legst du die Maschen still und strickst das Vorderteil direkt an die Anschlagkante des Rückenteils. In gleicher Höhe wie beim Rückenteil schließt du die Arbeit zur Runde und strickst das Körperteil in Runden zu Ende. Die Ärmel strickst du direkt in die Armausschnittlöcher.
Ein verschränktes 1/1 Rippbündchen setzt durch schrägverlaufende Abnahmen sowohl am Körperteil als auch an den Ärmeln einen besonderen Akzent.

2 SCHWIERIGKEITSGRAD

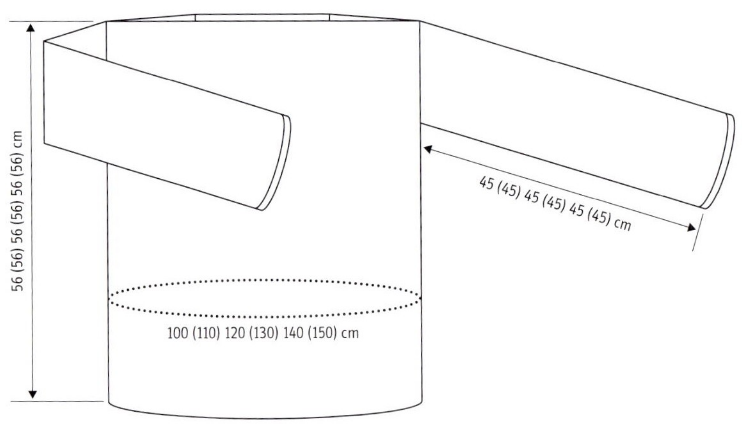

Größen

Bloom sollte mit einer positive ease (= Mehrweite) von mindestens 10 cm getragen werden.

	GRÖSSE 1	GRÖSSE 2	GRÖSSE 3	GRÖSSE 4	GRÖSSE 5	GRÖSSE 6
GESTRICKTE OBERWEITE	100 cm	110 cm	120 cm	130 cm	140 cm	150 cm
GESAMTLÄNGE	56 cm	56 cm	56 cm	56 cm	56 cm	56 cm
UNTERARMLÄNGE	45 cm	45 cm	45 cm	45 cm	45 cm	45 cm

Alle Werte sind ca.- Angaben. Diese können durch die Wahl des Garns und die Strickeigenschaften abweichen. Die Länge des Körpers und der Ärmel kann individuell angepasst werden.

Material

LANGYARNS Merino 200 Bébé (100% Schurwolle, LL 203 m/50 g) in Cognac, (Fb 326), 250 (300) 350 (400) 450 (500) g

LANGYARNS Mohair Luxe (77% Mohair, 23% Seide, LL 175 m/25 g) in Cognac (Fb 168), 125 (150) 175 (200) 225 (250) g

Rundstricknadeln 4,5 mm, 60, 80 und 100 cm lang

Separate Seile oder extra Fäden zum Stilllegen von Maschen

Maschenmarkierer

Maschenprobe

Im Grundmuster mit Nd 4,5 mm 20 M und 24 R = 10 cm x 10 cm

Muster

RANDMASCHE
Die 1. M der R rechts abheben, die letzte M der R rechts str.

BUNDMUSTER (VERSCHRÄNKTES 1/1 RIPPENMUSTER)
In R und Rd: 1 M rechts verschränkt, 1 M links verschränkt im Wechsel str.

VERKÜRZTE REIHEN (GERMAN SHORT ROWS)
Die M einer R gemäß den Angaben im Muster plus der angegebenen Zahl an M str. Die Arbeit wenden. Den Arbeitsfaden vor die Arbeit legen und die erste M wie zum Links-Str abheben. Den Faden über die Nd hinweg nach hinten legen und fest anziehen. Optisch liegen nun zwei M-Glieder auf der Nd = Doppelmasche (DM).
Bei Erscheinen der DM wird diese einfach und dem Muster entsprechend gestrickt, indem man in beide M-Glieder sticht.

GRUNDMUSTER
Es sind nur die Hinr bzw. ungeraden Rd gezeichnet. In den Rückr alle M links str, in den geraden Rd alle M rechts str.
Die Strickschrift wird von rechts nach links gelesen.
1 Mustersatz = 10 M und 16 R/Rd (grau unterlegt).

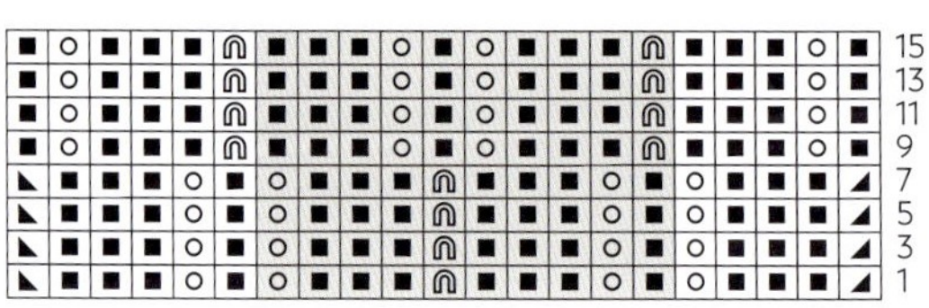

Zeichenerklärung
■ = 1 Masche rechts
◣ = 2 Maschen überzogen zusammenstricken
◢ = 2 Maschen rechts zusammenstricken
○ = 1 Umschlag
⋒ = 2 Maschen zusammen wie zum Rechtsstricken abheben, 1 Masche rechts, die 2 abgehobenen Maschen zusammen überziehen

Anleitung

RÜCKENTEIL
Schlage mit beiden Garnqualitäten zusammen 107 (117) 127 (137) 147 (157) M an und stricke die Halsblende wie folgt:
1. R: Rdm, 1 M rechts verschränkt, 1 M links verschränkt im Wechsel, ende mit 1 M rechts verschränkt und Rdm.
2. R: Stricke mustergemäß.
Stricke nun für Passform verkürzte Reihen:
3. R: Rdm, 72 (77) 84 (89) 96 (101) M + 1 M mustergemäß str, Arbeit wenden.
DM, 40 (40) 44 (44) 48 (48) M mustergemäß str, Arbeit wenden.
DM, 43 (43) 47 (47) 51 (51) M mustergemäß str, Arbeit wenden.
DM, 46 (46) 50 (50) 54 (54) M mustergemäß str, Arbeit wenden.
DM, alle M bis R-Ende str.
4.+ 5. R: Stricke mustergemäß.
6. R: Stricke linke M und nimm gleichmäßig verteilt 4 M ab = 103 (113) 123 (133) 143 (153) M.
Arbeite nun das Ajourmuster lt. der Strickschrift mit folgender M-Einteilung:
Rdm, 1x die 1.-5. M der Strickschrift, 9 (10) 11 (12) 13 (14)x den Mustersatz (grau unterlegt), 1x die 16.-21. M der Strickschrift, Rdm.
Stricke nun 40 (48) 56 (64) 72 (80) R im Muster und lege anschließend die M still.

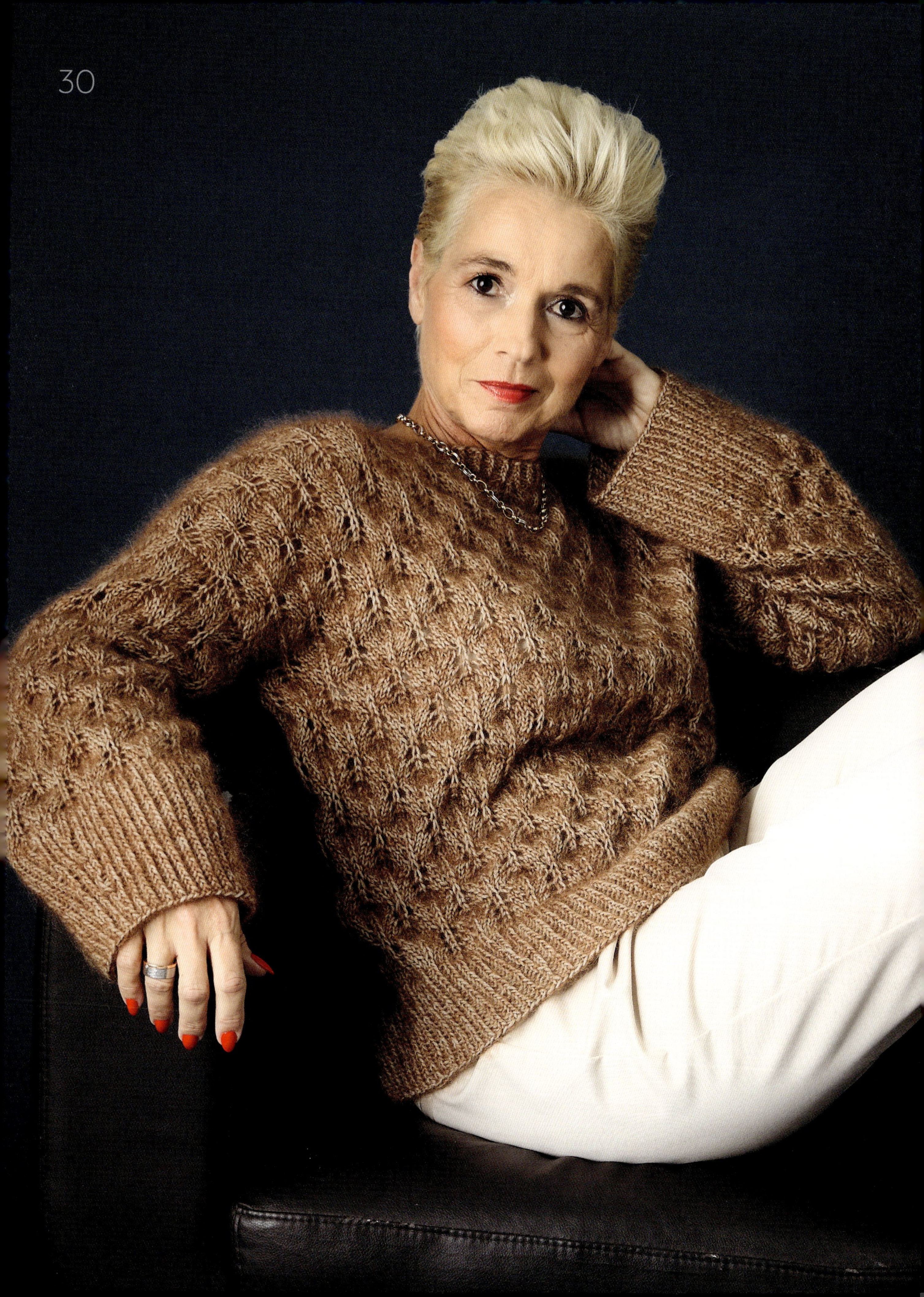

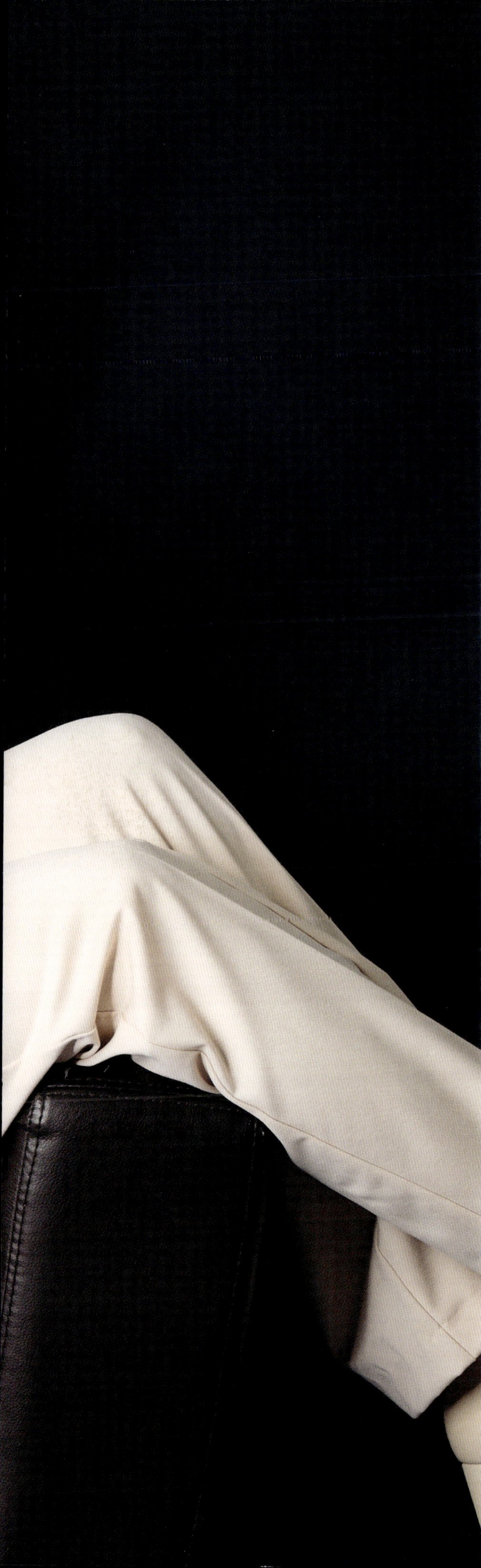

VORDERTEIL

Nimm direkt aus dem Anschlagrand des Rückenteils die M für das Vorderteil auf:
Nimm aus der rechten Schulterhälfte 34 (39) 42 (47) 50 (55) M auf, schlage 39 (39) 43 (43) 47 (47) M neu an und nimm nun aus der linken Schulterhälfte ebenfalls 34 (39) 42 (47) 50 (55) M auf.
Stricke eine Rückr in der folgenden M-Einteilung: Rdm, 1 M links verschränkt, 1 M rechts verschränkt im Wechsel, ende mit einer 1 M links verschränkt, Rdm.
Stricke 5 R in dieser Mustereinteilung.
Arbeite nun 1 R linke M und nimm gleichmäßig verteilt 4 M ab = 103 (113) 123 (133) 143 (153) M.
Teile die M genau wie bei dem Rückenteil beschrieben ein und stricke bis zur gleichen Höhe.

ZUSAMMENLEGEN VON VORDER- UND RÜCKENTEIL

Lege die M des Rückenteils wieder auf die Nd.
1. Rd: Stricke 102 (112) 122 (132) 142 (152) M mustergemäß, stricke die letzte M des Vorderteils mit der 1. M des Rückenteils rechts überzogen zusammen, stricke 101 (111) 121 (131) 141 (151) M mustergemäß, stricke die letzte M des Rückenteils mit der 1. M des Vorderteils rechts überzogen zusammen.
2. Rd: Stricke 99 (109) 119 (129) 139 (149) M mustergemäß, stricke die nächsten 3 M rechts überzogen mit mittig aufliegender Mittel-M zusammen, stricke 99 (109) 119 (129) 139 (149) M mustergemäß, stricke die nächsten 3 M rechts überzogen mit mittig aufliegender Mittel-M zusammen, setze einen MM für den Rd-Beginn = 200 (220) 240 (260) 280 (300) M.
Stricke nun in Rd mustergemäß weiter bis zu einer Gesamthöhe von ca. 50 cm (die letzte Runde sollte eine 8. oder 16. Rd des Ajourmusters sein).
Arbeite nun noch 1 Rd rechte M und setze wie folgt MM für den nachfolgenden Saumbund:
20 M rechts, MM setzen, 61 (71) 81 (91) 101 (111) M rechts, MM setzen, 39 M rechts, MM setzen, 61 (71) 81 (91) 101 (111) M rechts, MM setzen, 19 M rechts.
Stricke nun im verschränkten 1/1 Rippenmuster und arbeite dabei 7x in jeder 4. Rd folgende Abnahmen:

10x (1 M rechts verschränkt, 1 M links verschränkt), 2 M rechts verschränkt überzogen zusammenstricken, * 1 M rechts verschränkt, 1 M links verschränkt *, von *-* bis 3 M vor dem nächsten MM str, 1 M rechts verschränkt, 2 M rechts verschränkt zusammenstricken, 19x (1 M links verschränkt, 1 M rechts verschränkt), 1 M links verschränkt, 2 M rechts verschränkt überzogen zusammenstricken, 1 M rechts verschränkt, 1 M links verschränkt *, von *-* bis 3 M vor dem nächsten MM str, 1 M rechts verschränkt, 2 M rechts verschränkt zusammenstricken, 9x (1 M links verschränkt, 1 M rechts verschränkt), 1 M links verschränkt.
Kette nach insgesamt 32 Rd alle M im Muster ab.

ÄRMEL

Nimm aus den Armlochöffnungen 70 (80) 90 (100) 110 (120) M auf, beginne an der Achselmitte und setze einen MM für den Rd-Beginn.
Stricke den Mustersatz des Grundmusters 7 (8) 9 (10) 11 (12)x in der Rd.
Bei einer Gesamthöhe von 32 cm stricke insgesamt 13 cm im verschränkten 1/1 Rippenmuster wie folgt:
16 (19) 21 (24) 26 (29)x (1 M rechts verschränkt, 1 M links verschränkt), MM setzen 2x (1 M rechts verschränkt, 1 M links verschränkt), 1 M rechts verschränkt, MM setzen, 16 (18) 21 (23) 26 (28)x (1 M links verschränkt, 1 M rechts verschränkt), 1 M links verschr.
Nimm 6 x je 1 M in jeder 4. Rd rechts und links der markierten 5 M ab.
Stricke dafür jeweils bis 1 M vor dem MM, stricke diese M mit der nächsten M rechts zusammen, stricke 3 M, stricke die nächsten 2 M rechts überzogen zusammen.
Kette bei einer Gesamthöhe des Ärmels von 45 cm alle M im Muster ab.

FERTIGSTELLUNG

Vernähe alle Fäden sorgfältig. Falls erforderlich, wasche den Sweater gemäß den Angaben des Garnherstellers, ziehe ihn in Form und lass ihn liegend trocknen.

Profi-Tipp

„MEIN PULLOVER FUSSELT."
Dein Mohair fusselt extrem? Lege deinen Pullover, eingeschlagen in einem Beutel, für mehrere Stunden oder gerne auch einmal über Nacht in das Gefrierfach. Danach hat sich das Problem zumeist erledigt.

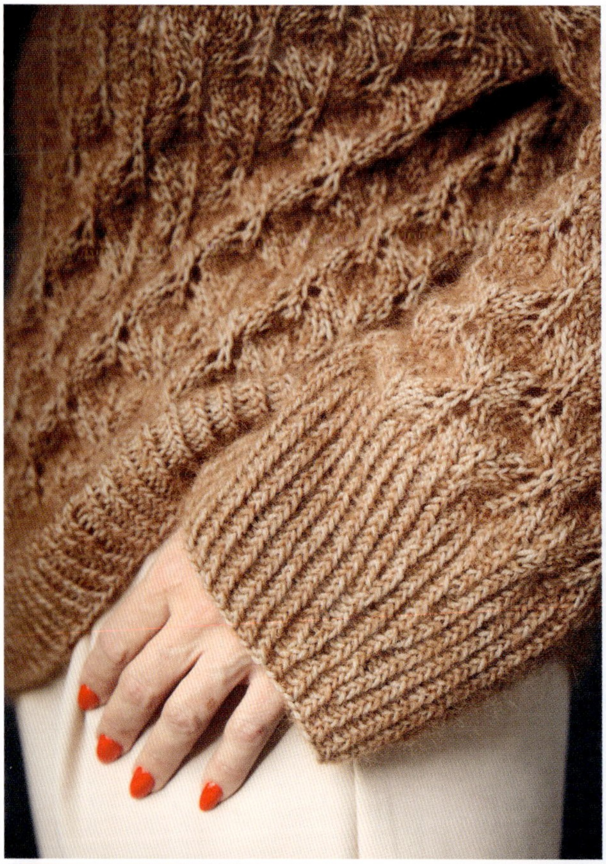

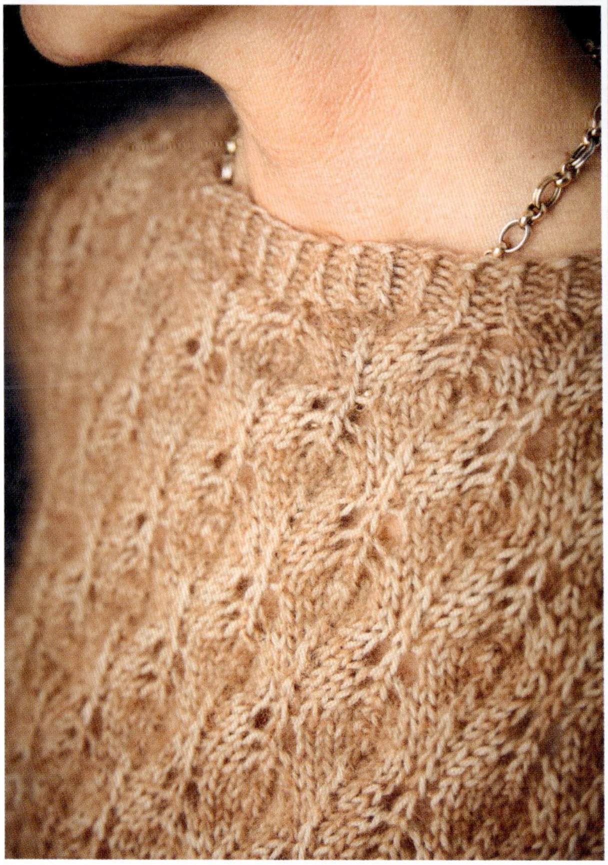

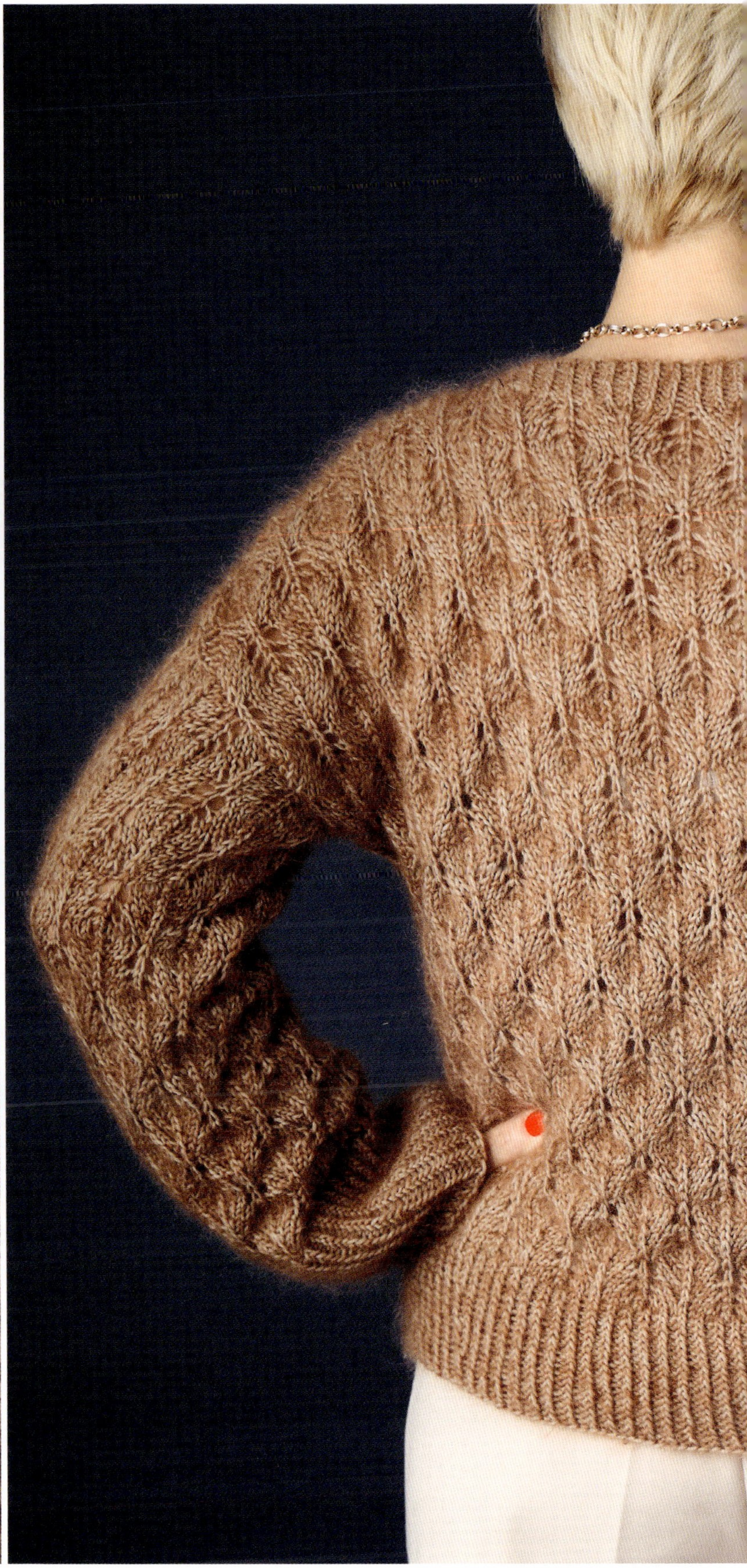

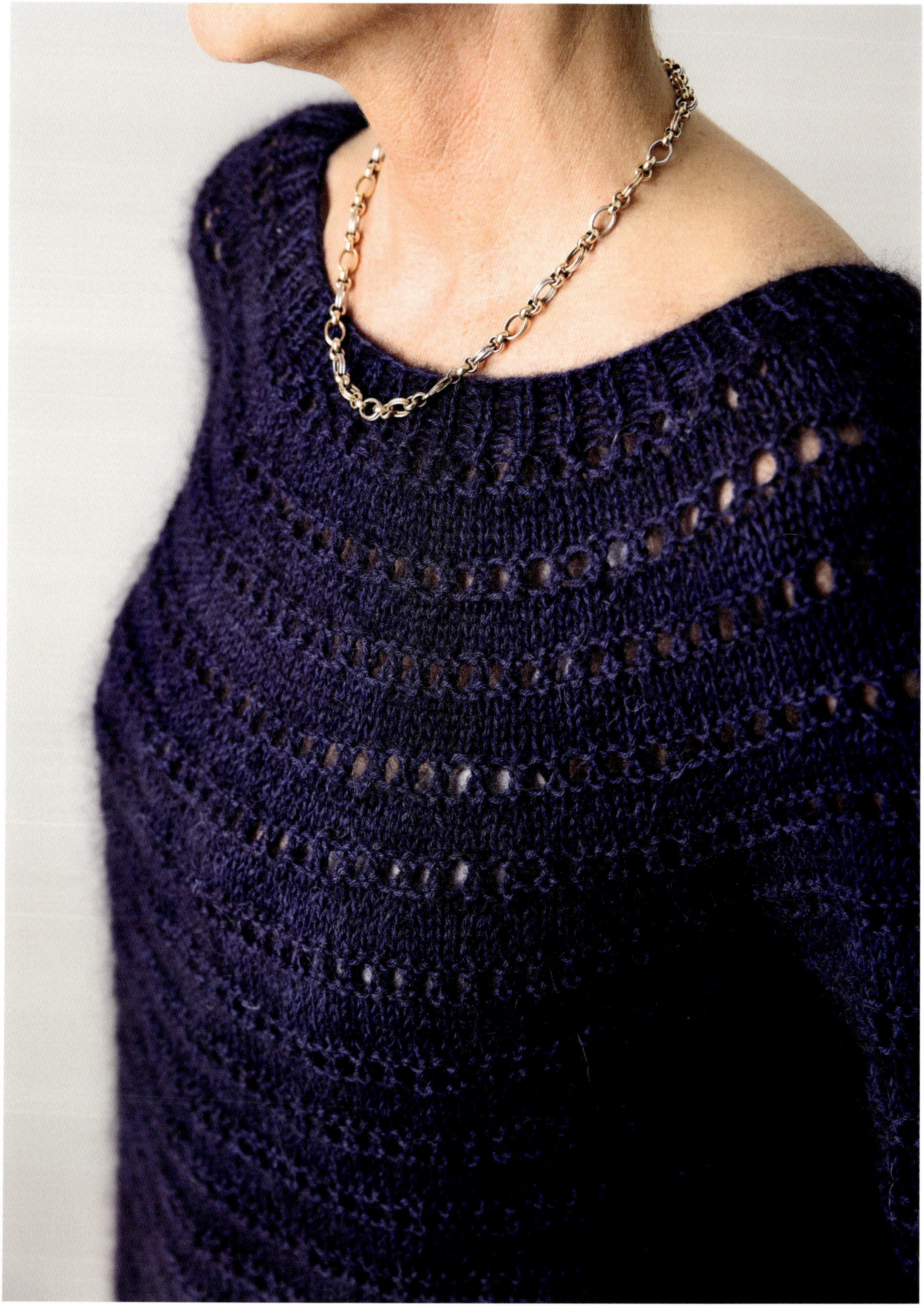

Ruby

Ruby wird von oben nach unten mit einer Rundpasse gestrickt. Beginnend am Kragen wird zuerst durch verkürzte Reihen die hintere Halspartie geformt. Durch Zunahmen innerhalb der Rundpasse erreicht man die gewünschte Weite und nach Erreichen der Armlochhöhe werden Körper- und Ärmelmaschen voneinander getrennt. Der Körper wird in Runden zu Ende gestrickt. Anschließend werden die Ärmel ebenfalls in Runden gestrickt.

1 SCHWIERIGKEITSGRAD

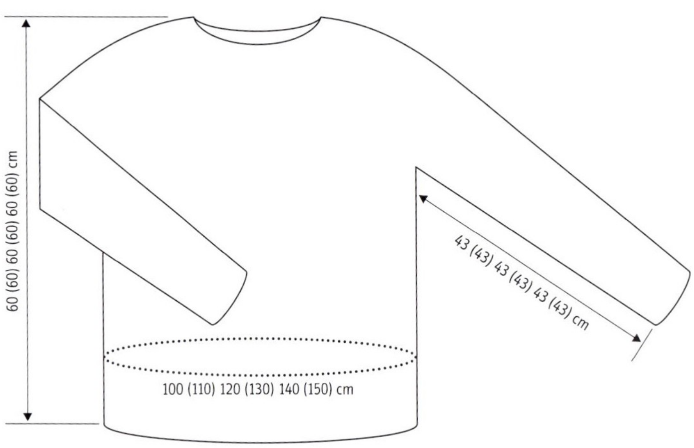

Größen

Ruby sollte mit einer positive ease (= Mehrweite) von mindestens 10 cm getragen werden.

	GRÖSSE 1	GRÖSSE 2	GRÖSSE 3	GRÖSSE 4	GRÖSSE 5	GRÖSSE 6
GESTRICKTE OBERWEITE	100 cm	110 cm	120 cm	130 cm	140 cm	150 cm
GESAMTLÄNGE	60 cm	60 cm	60 cm	60 cm	60 cm	60 cm
UNTERARMLÄNGE	43 cm	43 cm	43 cm	43 cm	43 cm	43 cm

Alle Werte sind ca.- Angaben. Diese können durch die Wahl des Garns und die Strickeigenschaften abweichen. Die Länge des Körpers und der Ärmel kann individuell angepasst werden.

Material

LANGYARNS Alpaca Soxx 4ply (70% Alpaka, 30% Polyamid, LL 390 m/100 g) in Blau (Fb 25), 300 (300) 400 (400) 400 (500) g

LANGYARNS Lace (58% Mohair, 42% Seide, LL 310 m/25 g) in Blau (Fb 25), 150 (175) 200 (225) 250 (275) g

Es werden 1 Faden Alpacca Soxx und 2 Fäden Lace zusammen verstrickt.

Rundstricknadeln 4,5 mm, 40 und 60 cm lang

Rundstricknadeln 5,0 mm, 60, 80 und 100 cm lang

Separate Seile oder extra Fäden zum Stilllegen von Maschen

Maschenmarkierer

Maschenprobe

Im Grundmuster mit Nd 5,0 mm 18 M und 24 R = 10 cm x 10 cm

Muster

1/1 RIPPENMUSTER

In R und Rd: 1 M rechts, 1 M links im Wechsel.

VERKÜRZTE REIHEN (GERMAN SHORT ROWS)

Die M einer R gemäß den Angaben im Muster plus der angegebenen Zahl an M str. Die Arbeit wenden. Den Arbeitsfaden vor die Arbeit legen und die erste M wie zum Links-Str abheben. Den Faden über die Nd hinweg nach hinten legen und fest anziehen. Optisch liegen nun zwei M-Glieder auf der Nd = Doppelmasche (DM)

Bei Erscheinen der DM wird diese einfach und dem Muster entsprechend gestrickt, indem man in beide M-Glieder sticht.

GRUNDMUSTER

Es sind alle Rd gezeichnet.

Die Strickschrift wird von rechts nach links gelesen.

1 Mustersatz = 2 M und 8 Rd.

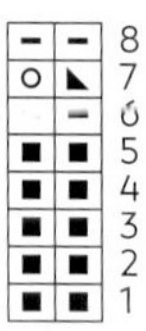

Zeichenerklärung

■ = 1 Masche rechts

− = 1 Masche links

○ = 1 Umschlag

◣ = 2 Maschen überzogen zusammenstricken

ZUNAHMEN

Stricke jeweils bis zu der entsprechenden M, stich mit der rechten Nd von hinten in das rechte M-Glied der M unterhalb der M ein und stricke es rechts verschränkt ab. Stricke nun die M rechts.

Anleitung

Schlage dreifädig 96 (100) 100 (104) 104 (108) M mit Nd 4,5 mm an und schließe die Arbeit zur Rd. Stricke 6 Rd im 1/1 Rippenmuster, setze einen MM für den Rd-Beginn, dieser befindet sich mittig im hinteren Halsausschnitt.

Für eine besseren Passform werden im Rückenteil verkürzte R gestrickt:

1. R: 24 (25) 25 (26) 26 (27) M rechts, Arbeit wenden.

2. R: DM, 47 (49) 49 (51) 51 (53) M links, Arbeit wenden.

3. R: DM, 48 (50) 50 (52) 52 (54) M rechts, Arbeit wenden.

4. R: DM: 49 (51) 51 (53) 53 (55) M links, Arbeit wenden.

Stricke nun die Rd zu Ende und stricke 1 Rd rechte M. Arbeite eine weitere Rd rechte M und nimm nach jeder 2. M 1 M auf = 144 (150) 150 (156) 156 (162) M.

Starte nun mit dem Grundmuster:

1.-3. Rd: Stricke die 6.-8. Rd der Strickschrift.

4.-11. Rd: Stricke 1x den Mustersatz in der Höhe.

12.-16. Rd: Stricke die 1.-5. Rd des Mustersatzes, nimm hier in der 3. Rd nach jeder 3. M 1 M auf = 192 (200) 200 (208) 208 (216) M.

17.-19. Rd: Stricke die 6.-8. Rd des Mustersatzes.

20.-27. Rd: Stricke 1x den Mustersatz in der Höhe.

28.-32. Rd: Stricke die 1.-5. Rd des Mustersatzes, nimm hier in der 3. Rd nach jeder 4. M eine M auf = 240 (250) 250 (260) 260 (270) M.

33.-35. Rd: Stricke die 6.-8. Rd des Mustersatzes.

36.-40. Rd: Stricke die 1.-5. Rd des Mustersatzes, nimm hier in der 3. Rd für Größe 1 nach je 8 M, für alle anderen Größen nach je 5 M 1 M auf = 270 (300) 300 (312) 312 (324) M.

41.-43. Rd: Stricke die 6.-8. Rd des Mustersatzes.

Für Größe 1 und 2 ist die Passe hier beendet.

Für alle anderen Größen:

44.-48. Rd: Stricke die 1.-5. Rd des Mustersatzes, nimm hier in der 3. Rd für Größe 3 12x nach 12 M und 12x nach 13 M, für Größe 4 30x nach 10 M, für Größe 5 und 6 nach je 6 M 1 M auf = 324 (342) 364 (378) M.

49.-51. Rd: Stricke die 6.-8. Rd des Mustersatzes.

Für Größe 3 und 4 ist die Passe hier beendet.

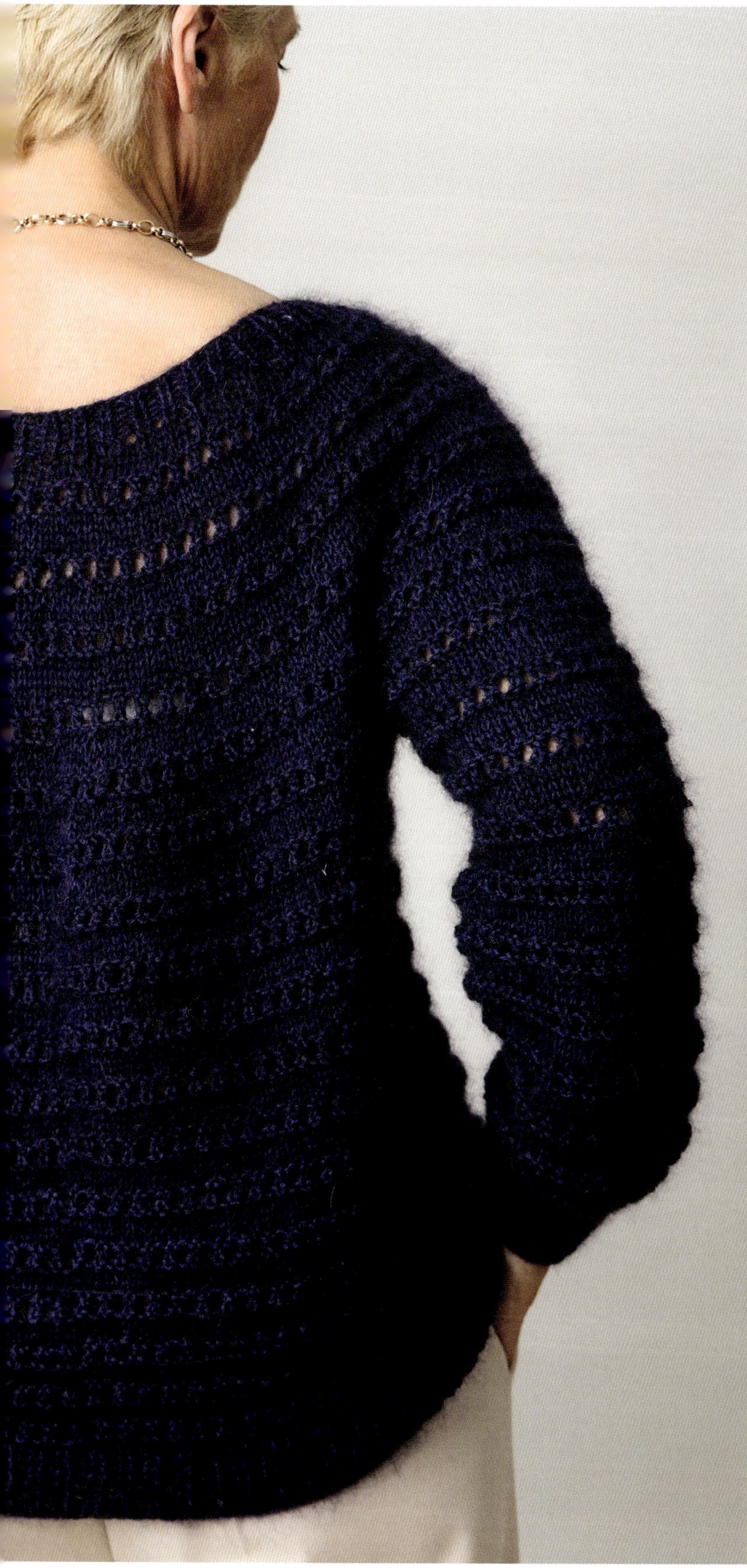

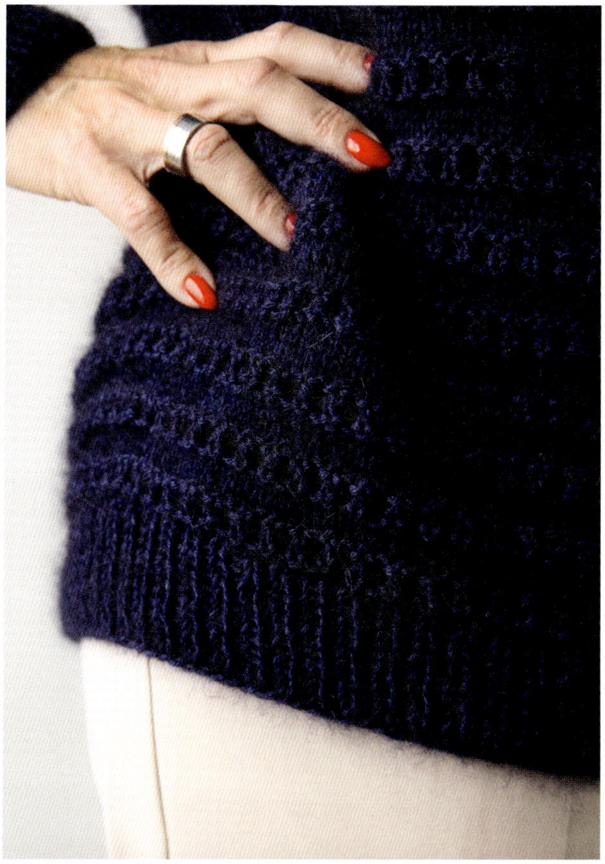

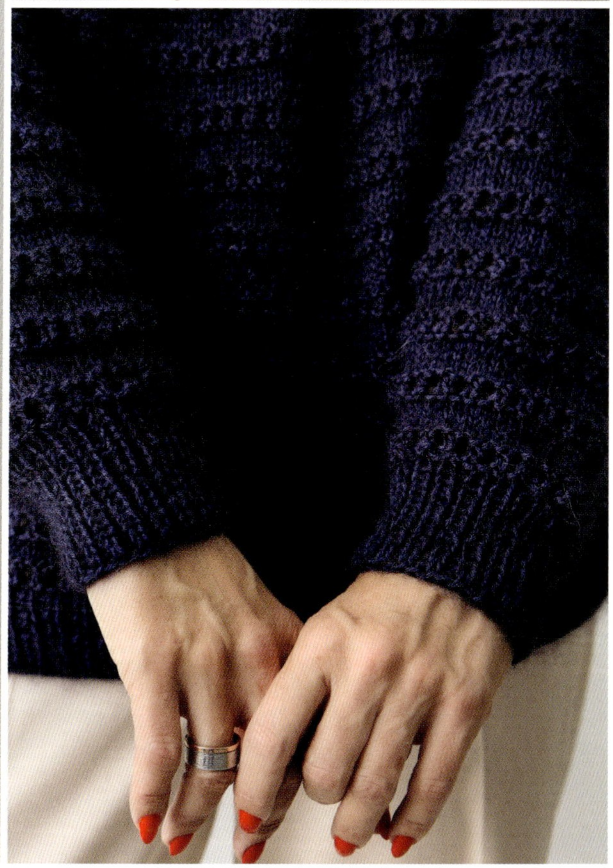

Für Größe 5 und 6:
52.-56. Rd: Stricke die 1.-5. Rd des Mustersatzes, nimm in der 3. Rd für Größe 5 4x nach 45 M und 4x nach 46 M, für Größe 6 6x nach 31 M und 6x nach 32 M 1 M auf = 372 (390) M.
57.-59. Rd: Stricke die 6.-8. Rd des Mustersatzes. Für Größe 5 und 6 ist die Passe nun auch beendet.

TRENNEN VON ÄRMEL- UND KÖRPERMASCHEN

Stricke mustergemäß für das halbe Rückenteil 41 (46) 49 (53) 58 (62) M rechts, lege 52 (58) 64 (64) 70 (70) M für den rechten Ärmel still, schlage 7 (7) 10 (10) 10 (10) Achsel-M neu an, stricke 83 (92) 98 (107) 116 (125) M rechts für das Vorderteil, lege 52 (58) 64 (64) 70 (70) M für den linken Ärmel still, schlage 7 (7) 10 (10) 10 (10) Achsel-M neu an, stricke die restlichen 42 (46) 49 (54) 58 (63) M für das halbe Rückenteil = 180 (198) 216 (234) 252 (270) M.
Arbeite nun im Grundmuster weiter, bis du eine Gesamthöhe von ca. 55 cm (gemessen am Vorderteil ab Anschlag) erreicht hast. Du endest mit einem kompletten Mustersatz.
Stricke nun 1 Rd rechte M und nimm gleichmäßig verteilt 20 M ab = 160 (178) 196 (214) 232 (250) M.
Arbeite nun 5 cm im 1/1 Rippenmuster und kette anschließend alle M im Muster ab.

ÄRMEL

Lege die 52 (58) 64 (64) 70 (70) Ärmel-M wieder auf eine Nd und nimm direkt aus der Achselkante des Körpers 8 (8) 10 (10) 10 (10) M auf. Setz in der Mitte dieser M einen MM für den Rd-Beginn und schließe die Arbeit zur Rd = 60 (66) 74 (74) 80 (80) M.
1.-16. Rd: Stricke 2x den Mustersatz in der Höhe.
17.-21. Rd: Stricke die 1.-5. Rd des Mustersatzes, nimm zur Ärmelformung in der 3. Rd M wie folgt ab: 1 M rechts, 2 M rechts zusammenstricken, alle M bis zu den letzten 3 M vor dem MM rechts str, 2 M rechts überzogen zusammenstricken, 1 M rechts = 58 (64) 72 (72) 78 (78) M.
22.-24. Rd: Stricke die 6.-8. Rd des Mustersatzes.
Wiederhole nun die 17.-24. Rd noch 8x = 42 (48) 56 (56) 62 (62) M.
Stricke 1 Rd rechte M und nimm gleichmäßig verteilt 10 M ab = 32 (38) 46 (46) 52 (52) M.
Arbeite nun 5 cm im 1/1 Rippenmuster und kette anschließend alle M im Muster ab.

FERTIGSTELLUNG

Vernähe alle Fäden sorgfältig. Falls erforderlich, wasche den Sweater gemäß den Angaben des Garnherstellers, ziehe ihn in Form und lass ihn liegend trocknen.

Profi-Tipp

„ICH MÖCHTE HIER GERNE EINEN CARMEN-AUSSCHNITT STRICKEN."
Magst du es gerne, wenn der Ausschnitt über die Schulter rutscht? Das kannst du bei Ruby ganz einfach selber abändern. Stricke den Anschlag sehr locker oder verwende größere Stricknadeln. Dadurch wird der Halsbund weit und locker und du erhältst automatisch einen Carmen-Ausschnitt.

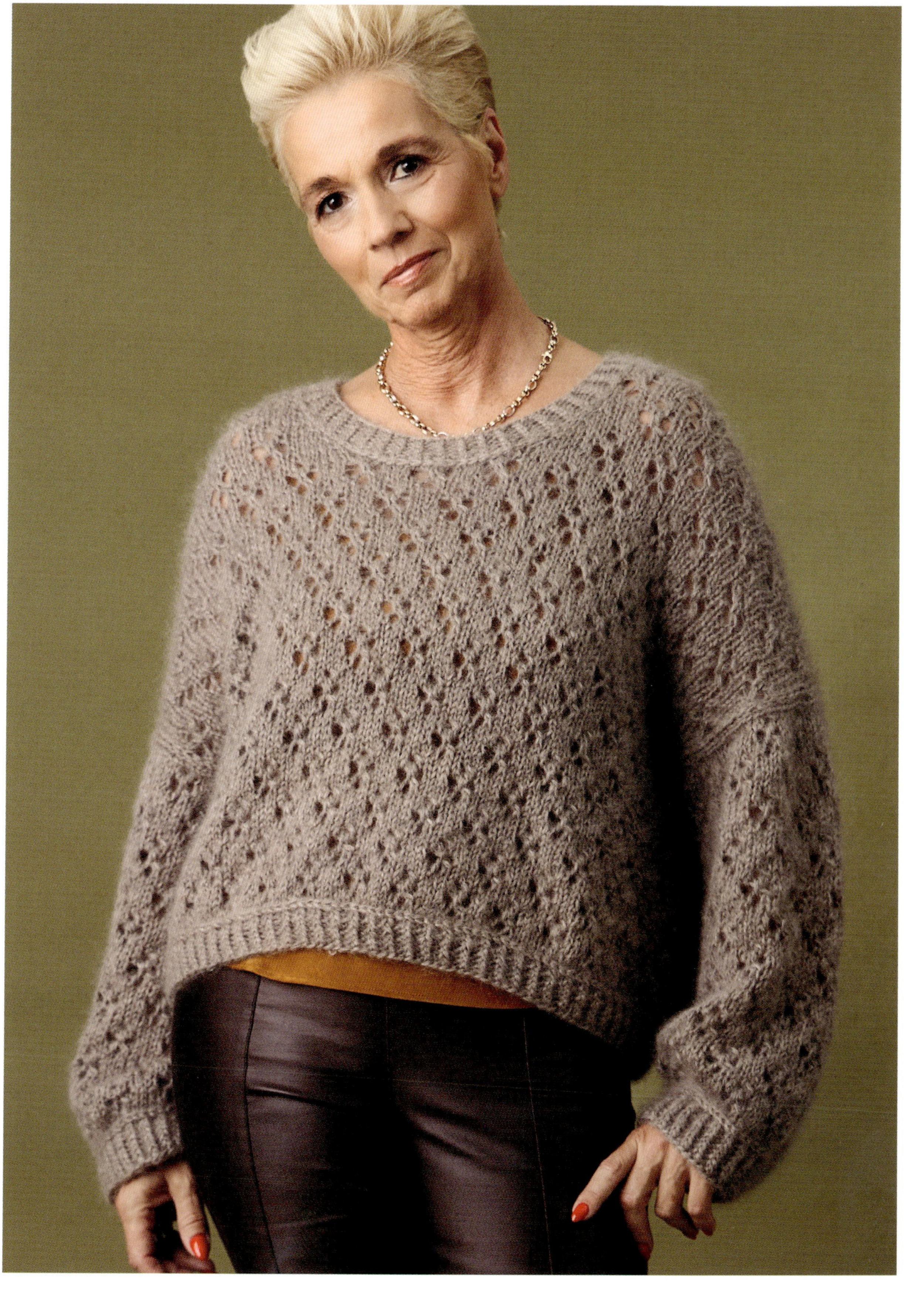

Daisy

Daisy wird von oben nach unten gestrickt. Ein zartes Blütenmuster durchzieht den kompletten Pullover, wirkt jedoch durch den groben Strickstil lässig und cool. Du startest mit dem hinteren Halsausschnitt und formst durch seitliche Zunahmen die Schulterschrägen. Danach strickst du beide Vorderteilhälften direkt an und nach Erreichen der Halsausschnittweite fügst du diese zusammen. Sobald die Armlochhöhe erreicht ist, legst du die Maschen von Vorder- und Rückenteil zusammen und strickst in Runden weiter. Die Maschen für die Ärmel nimmst du direkt aus den Armlochöffnungen auf und strickst diese ebenfalls in Runden.
Ein hübsches Detail sind die querverlaufenden Nähte an den Schulterpartien, Kragen und jeweils vor den Bündchen. Der Kragen, sowie Ärmel- und Saumbündchen werden im verschränkten 1/1 Rippenmuster gestrickt.

2 SCHWIERIGKEITSGRAD

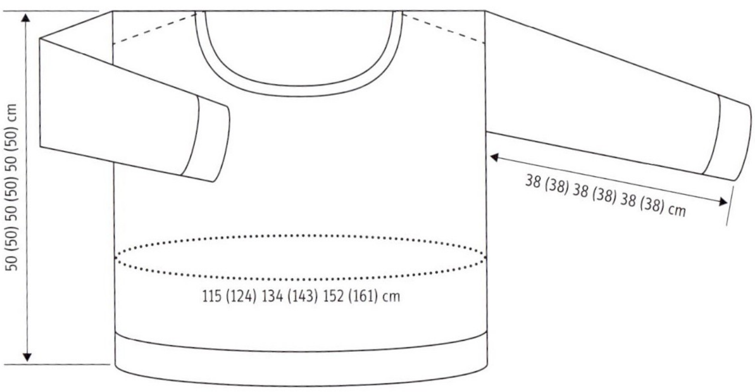

Größen

Daisy hat einen legeren, kastigen Schnitt mit überzogenen Schultern und sollte im Oversize-Look mit einer positive ease (= Mehrweite) von mindestens 20 cm getragen werden.

	GRÖSSE 1	GRÖSSE 2	GRÖSSE 3	GRÖSSE 4	GRÖSSE 5	GRÖSSE 6
GESTRICKTE OBERWEITE	115 cm	124 cm	134 cm	143 cm	152 cm	161 cm
GESAMTLÄNGE	50 cm	50 cm	50 cm	50 cm	50 cm	50 cm
UNTERARMLÄNGE	38 cm	38 cm	38 cm	38 cm	38 cm	38 cm

Alle Werte sind ca.- Angaben. Diese können durch die Wahl des Garns und die Strickeigenschaften abweichen. Die Länge des Körpers und der Ärmel kann individuell angepasst werden.

Material

LANGYARNS Alpaca soxx 6 ply (70% Alpaka, 30% Polyamid, LL 390 m/150 g) in Stein (Fb 96), 300 (300) 300 (450) 450 (450) g

LANGYARNS Mohair Luxe (77% Mohair, 23% Seide, LL 175 m/25 g) in Stein (Fb 96), 175 (200) 225 (250) 275 (300) g

Es werden 1 Faden Alpaca Soxx und 2 Fäden Mohair Luxe zusammen verstrickt.

Rundstricknadeln 6,0 mm, 60, 80 und 100 cm lang

Evtl. Nadelspiel 6,0 mm

Separate Seile oder extra Fäden zum Stilllegen von Maschen

Maschenmarkierer

Maschenprobe

Im Grundmuster mit Nd 6,0 mm 13 M und 18 R = 10 cm x 10 cm

Muster

VERSCHRÄNKTES 1/1 RIPPENMUSTER

In R und Rd: 1 M rechts verschränkt, 1 M links verschränkt im Wechsel str.

GLATT RECHTS

In R: Hinr: Alle M rechts str. Rückr: Alle M links str.

QUERLIEGENDE MASCHEN

Hebe die 1. M ab, stricke die 2. M rechts, lege die 1. abgehobene M vor die 2. M, stricke diese rechts = querliegende M, * stricke die nächste M rechts und lege die querliegende M wiederum vor die soeben gestrickte M und stricke diese rechts *, wiederhole nun den Arbeitsschritt von *-*, bis alle M gestrickt sind. Die letzte M ist die querliegende M, diese rechts str.

GRUNDMUSTER

Es sind nur die Hinr bzw. ungeraden Rd gezeichnet. In den Rückr die M links, in den geraden Runden die M rechts str.
Die Strickschrift wird von rechts nach links gelesen.
1 Mustersatz = 6 M und 12 R/Rd.

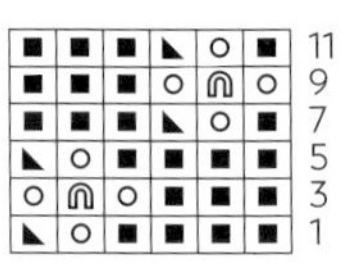

Zeichenerklärung
■ = 1 Masche rechts
◣ = 2 Maschen überzogen zusammenstricken
○ = 1 Umschlag
⋒ = 2 Maschen zusammen wie zum Rechtsstricken abheben, 1 Masche rechts, die 2 abgehobenen Maschen zusammen überziehen

ZUNAHMEN

Zun-re: Hebe den Querfaden zwischen 2 M von hinten auf die linke Nd und stricke ihn rechts ab.
Zun-li: Hebe den Querfaden zwischen 2 M von vorne auf die linke Nd und stricke ihn rechts verschränkt ab.
Zun-re-li: Hebe den Querfaden zwischen 2 M von hinten auf die linke Nd und stricke ihn links ab.
Zun-li-li: Hebe den Querfaden zwischen 2 M von vorne auf die linke Nd und stricke ihn links verschränkt ab.
Die Zunahmen in den Hinr werden immer rechts, in den Rückr immer links gestrickt und sobald wie möglich in das Blütenmuster integriert.

HEBEMASCHE

Hinr: Die M rechts abheben.
Rückr: Die M links str.

Anleitung

OBERES RÜCKENTEIL

Schlage dreifädig mit Nd 6,0 mm 31 M an.
Stricke eine Rückr linke M.
1. R: 2 M rechts, 1 Zun-li, (4x Mustersatz, 3 M rechts), 1 Zun-re, 2 M rechts = 33 M.
2. R: 2 M links, 1 Zun-re-li, 29 M links, 1 Zun-li-li, 2 M links = 35 M.
3. R: 2 M rechts, 1 Zun-li, 2 M rechts, (4 x Mustersatz, 3 M rechts), 2 M rechts, 1 Zun-re, 2 M rechts = 37 M.
4. R: 2 M links, 1 Zun-re-li, 33 M links, 1 Zun-li-li, 2 M links = 39 M.
Wiederhole die 3. und 4. R noch weitere 9 (10) 12 (13) 15 (16)x, dann nur für Größe (2) (4) (6) die 3. R noch 1x. Die letzte Zunahme wird als Hebe-M gestrickt = 75 (81) 87 (93) 99 (105) M. Stricke die zugenommenen M zwischen den Zunahmen so bald wie möglich im Grundmuster.
Die 2 M glatt rechts sowie die Hebe-M rechts und links des Musters werden weitergeführt.
Stricke nun weitere 18 (19) 20 (23) 26 (29) R im Muster, dann lege die M still.

LINKE VORDERTEILHÄLFTE

Nimm aus den Rdm der linken Schulter 25 (28) 31 (34) 37 (40) M auf, stricke 1 Rückr linke M.

1. R: Rdm, 1x die 4.-6. M des Mustersatzes, 3 (3) 4 (4) 5 (5)x Mustersatz, 0 (1) 0 (1) 0 (1)x die 1.-3. M des Mustersatzes, 1 Hebe-M, 2 M rechts.
2.-18. R: Stricke mustergemäß.
Arbeite nun Zunahmen für den Halsausschnitt:
19. R: Rdm, 1 Zun-li, stricke die R mustergemäß zu Ende.
20.-30. R: Stricke mustergemäß und nimm jeweils in den Hinr, wie zuvor beschrieben, 1 M zu und füge diese so bald wie möglich in das Grundmuster ein = 31 (34) 37 (40) 43 (46) M.
Lege alle M still.

RECHTE VORDERTEILHÄLFTE

Stricke diese gegengleich zur linken Vorderteilhälfte. Lies hierzu die R-Angaben von hinten, so erhältst du die exakte M-Einteilung.
Stricke die Zunahmen für den Halsausschnitt rechts geneigt (Zun-re).
Stricke nun alle M des rechten Vorderteils mustergemäß, schlage mit dem einfachen Schlingenanschlag 13 M an, lege die M des linken Vorderteils wieder auf die Nd und stricke diese im Muster = 75 (81) 87 (93) 99 (105) M.
Stricke nun 1 Rückr linke M.
Arbeite weitere 20 (24) 28 (34) 40 (46) R im Muster.

ZUSAMMENLEGEN VON VORDER- UND RÜCKENTEIL

Lege die M des Rückenteils wieder auf die Nd. Stricke alle M des Vorderteils sowie alle M des Rückenteils im Grundmuster, füge die 3 M an Anfang und Ende der Strickteile jeweils in das Muster ein und schließe die Arbeit zur Rd, setze einen MM für den Rd-Beginn = 150 (162) 174 (186) 198 (210) M.
Stricke nun in Rd im Muster weiter, bis du eine Gesamthöhe ab Anschlag von ca. 47 cm erreicht hast (in der Mitte des Rückenteils gemessen). Eine 6. oder 12. Rd der Strickschrift sollte die letzte Rd sein.
Arbeite nun 1 Rd rechte M und nimm gleichmäßig verteilt 22 M ab = 128 (140) 152 (164) 176 (188) M.
Stricke 1 Rd querliegende M und anschließend 6 Rd im verschränkten 1/1 Rippenmuster. Kette alle M im Muster ab.

ÄRMEL

Nimm aus den Rdm der Armausschnitte 54 (54) 60 (60) 72 (72) M auf. Beginne hier an der Achselmitte, schließe die Arbeit zur Rd und setze einen MM für den Rd-Beginn.
Stricke 9 (9) 10 (10) 11 (11)x den Mustersatz.
Nach insgesamt 66 Rd stricke noch 1 Rd rechte M und nimm gleichmäßig verteilt 10 M ab = 44 (44) 50 (50) 62 (62) M.
Stricke 1 Rd querliegende M und anschließend 6 Rd im verschränkten 1/1 Rippenmuster. Kette alle M im Muster ab.

KRAGEN

Nimm aus der Ausschnittöffnung 88 M auf, starte hier an der rechten Schulternaht. Stricke 1 Rd querliegende M und anschließend noch 4 Rd im 1/1 Rippenmuster. Kette alle M im Muster ab.

FERTIGSTELLUNG

Vernähe alle Fäden sorgfältig. Falls erforderlich, wasche den Sweater gemäß den Angaben des Garnherstellers, ziehe ihn in Form und lass ihn liegend trocknen.

Profi-Tipp

„WIE PFLEGE ICH MEINEN PULLOVER?“ Airing is caring – Lüften ist Pflege. Wollkleidung muss nicht oft gewaschen werden, es reicht zumeist aus, diese regelmäßig zu lüften. Hänge deinen Pullover ins Freie. Gerne einmal über Nacht oder in den frühen Morgenstunden, wenn die Luft noch etwas feucht ist. Ein Nebelbad ist auch sehr wirksam. So wirst du lange Freude an deinem Strickstück haben.

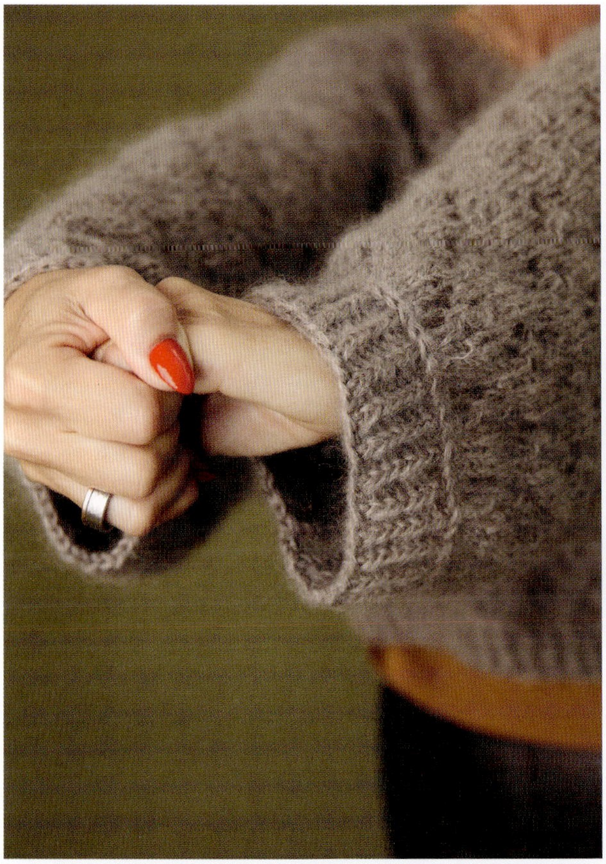

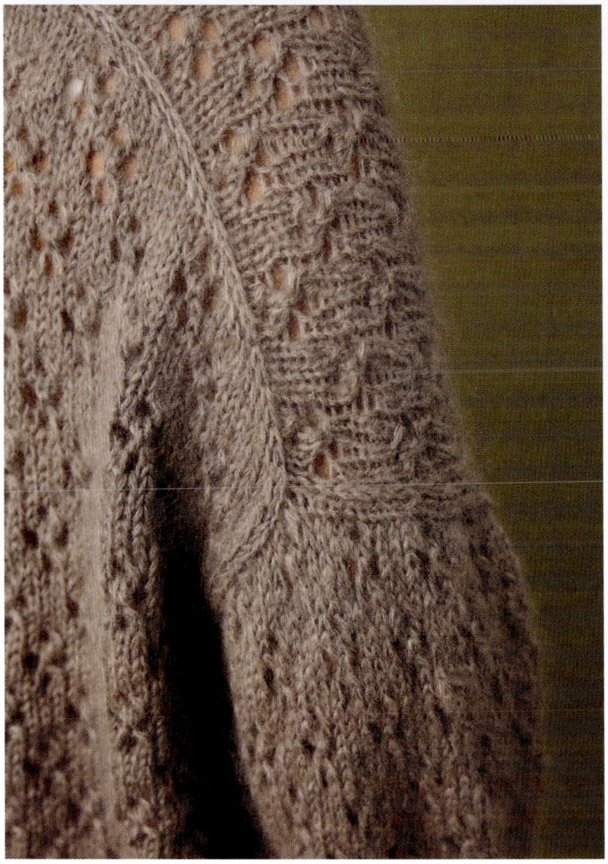

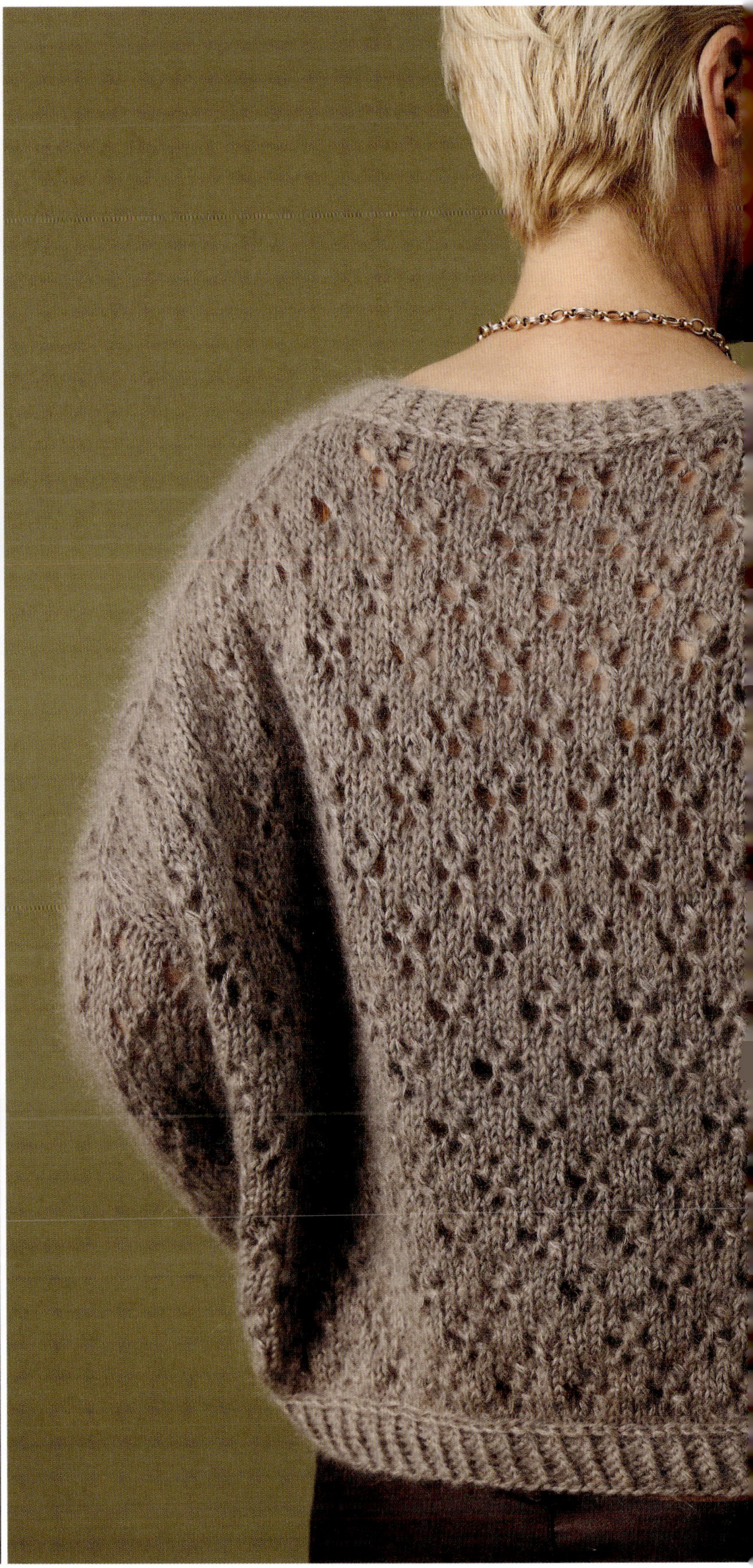

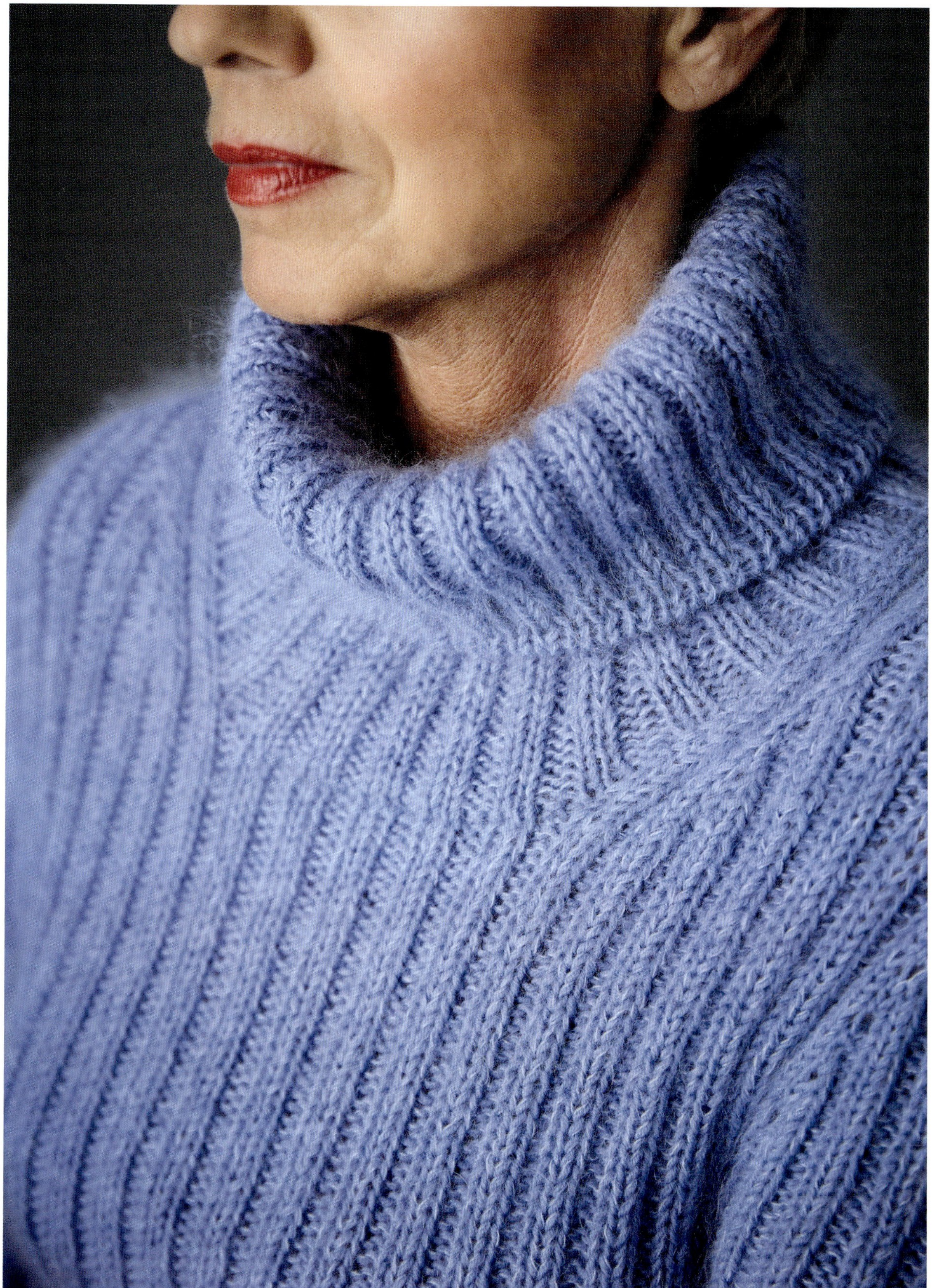

Esme

Esme wird von oben nach unten gestrickt. Du beginnst mit dem hinteren Halsausschnitt und formst durch seitliche Zunahmen die Schulterpartie, sowie gleichzeitig Rücken- und Vorderteile. Nachdem die Schulterbreite erreicht ist, werden direkt die Ärmel durch weitere Zunahmen geformt und mitgestrickt. Zeitgleich wird der vordere Halsausschnitt geformt und geschlossen und sobald die Armlochhöhe erreicht ist, trennst du die Ärmel vom Körper und strickst beides separat zu Ende. Zum Schluss strickst du den Kragen an.

3 SCHWIERIGKEITSGRAD

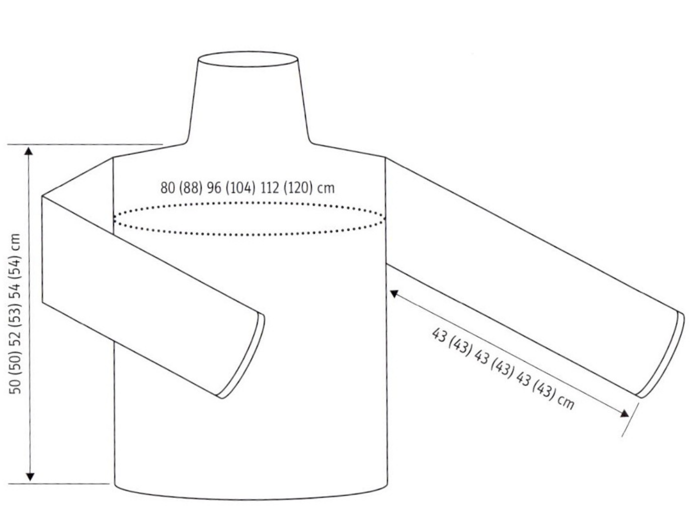

Größen

Esme ist ein gerade Pullover im Rippenstrick, dadurch wird er körpernah getragen.

	GRÖSSE 1	GRÖSSE 2	GRÖSSE 3	GRÖSSE 4	GRÖSSE 5	GRÖSSE 6
GESTRICKTE OBERWEITE	80 cm	88 cm	96 cm	104 cm	112 cm	120 cm
GESAMTLÄNGE	50 cm	50 cm	52 cm	53 cm	54 cm	54 cm
UNTERARMLÄNGE	43 cm	43 cm	43 cm	43 cm	43 cm	43 cm

Alle Werte sind ca.- Angaben. Diese können durch die Wahl des Garns und die Strickeigenschaften abweichen. Die Länge des Körpers und der Ärmel kann individuell angepasst werden.

Material

LANGYARNS Merino 150 (100% Schurwolle, LL 150 m/50 g)
in Hellblau (Fb 33), 300 (350) 400 (450) 500 (550) g

LANGYARNS Mohair Luxe (77% Mohair, 23% Seide, LL 175 m/25 g)
in Hellblau (Fb 20), 150 (175) 175 (200) 225 (250) g

Beide Qualitäten werden zusammen verstrickt.

Rundstricknadeln 4,5 mm, 60, 80 und 100 cm lang

Evtl. Nadelspiel 4,5 mm

Separate Seile oder extra Fäden zum Stilllegen von Maschen

Maschenmarkierer

Maschenprobe

Im Grundmuster mit Nd 4,5 mm 20 M und 24 R = 10 cm x 10 cm (gedehnt gemessen)

Muster

GRUNDMUSTER (2/2 RIPPENMUSTER)

In R und Rd: 2 M rechts, 2 M links im Wechsel str.

RANDMASCHE

Hinr: Die Rdm jeweils rechts str.
Rückr: Die Rdm jeweils links str.

ZUNAHMEN

Zun-re: Hebe den Querfaden zwischen 2 M von hinten auf die linke Nd und stricke ihn rechts ab.
Zun-li: Hebe den Querfaden zwischen 2 M von vorne auf die linke Nd und stricke ihn rechts verschränkt ab.
Zun-re-li: Hebe den Querfaden zwischen 2 M von hinten auf die linke Nd und stricke ihn links ab.
Zun-li-li: Hebe den Querfaden zwischen 2 M von vorne auf die linke Nd und stricke ihn links verschränkt ab.

Anleitung

Bitte lies zuerst die Anleitung sorgfältig, da einige Arbeitsschritte gleichzeitig gestrickt werden.
Schlage mit beiden Qualitäten zusammen 44 M an und stricke eine Rückr in der folgenden M-Einteilung: Rdm, 2 M links, 10x (2 M rechts, 2 M links), Rdm.
1. R: Rdm, 1 Zun-li, 2 M rechts = Schulterlinie, 1 Zun-re, 38 M im Muster, 1 Zun-li, 2 M rechts = Schulterlinie, 1 Zun-re, Rdm = 48 M.
2. R: Rdm, 1 M links, 1 M rechts, 1 Zun-re-li, 2 M links, 1 Zun-li-li, 40 M im Muster, 1 Zun-re-li, 2 M links, 1 Zun-li-li, 1 M links, Rdm = 52 M.
Wiederhole die 1. und 2. R noch insgesamt 6 (8) 10 (12) 14 (16)x = 14 (18) 22 (26) 30 (34) Zunahmen pro Schulterseite von Vorder- und Rückenteil.
Bitte beachte:
Die Zunahmen für die Ärmel werden nach Beendigung der Schulterzunahmen gestrickt.
Bitte stricke danach den Arbeitsschritt „Formung des Ärmels", beachte jedoch hier, analog zu deiner Größe, dass gleichzeitig ab der 19. R der vordere Halsausschnitt geformt wird.

ZUNAHMEN FÜR DEN HALSAUSSCHNITT

19. R: Rdm, 2 M rechts, 2 M links, 2 M rechts, 1 Zun-li, die R mustergemäß bis zu den letzten 7 M str, 1 Zun-re, 2 M rechts, 2 M links, 2 M rechts, Rdm.
Diese Zunahmen strickst du noch 7x in jeder Hinr und fügst sie mustergemäß ein.
In der folgenden Hinr schlägst du am Ende der rechten Vorderteilhälfte zusätzlich 20 M mit dem Schlingenanschlag an, dann strickst du direkt die M der linken Vorderteilhälfte mustergemäß und schließt somit die Arbeit zur Rd. Setze am Ende des Vorderteils einen MM für den Rd-Beginn = je 66 (74) 82 (90) 98 (106) M für das Vorderteil und das Rückenteil.

FORMUNG DES ÄRMELS

Für die Formung der Ärmel strickst du jeweils rechts und links der Schulterlinie Zunahmen und fügst diese direkt in das Muster ein; setze dir jeweils rechts und links davon einen MM zur besseren Orientierung:
Stricke mustergemäß bis zur linken Schulterlinie, setze zur Orientierung einen MM, arbeite 1 Zun-li-li, 2 M rechts, 1 Zun-re-li, setze auch hier einen MM, stricke weiter bis zur rechten Schulterlinie, setze einen MM, arbeite 1 Zun-li-li, 2 M rechts, 1 Zun-re-li, setze einen MM, stricke die Rd zu Ende.
Stricke die Zunahmen an jeder Schulterlinie immer direkt nach dem ersten und vor dem zweiten MM und füge sie in das Muster ein. Arbeite sie in jeder R/Rd 17 (19) 21 (23) 25 (27)x = je 36 (40) 44 (48) 52 (56) M zwischen den MM.
Arbeite eine Rückr/Zwischen-Rd mustergemäß.
Stricke anschließend in jeder 2. Rd die Zunahmen noch 10x = 56 (60) 64 (68) 72 (76) M.
Nun werden für die Passform der Achsel Zunahmen an Vorder- und Rückenteil sowie an den Ärmeln gestrickt:

Linker Ärmel: Für Größe 1, 3 und 5 1 Zun-li, für Größe 2, 4 und 6 1 Zun-li-li, alle M des Ärmels str, für Größe 1, 3 und 5 1 Zun-re, für Größe 2, 4 und 6 1 Zun-re-li.
Rückenteil: 2 M rechts, 1 Zun-re, stricke alle M des Rückenteils bis zu den letzten 2 M, 1 Zun-li, 2 M rechts.
Rechter Ärmel: für Größe 1, 3 und 5 1 Zun-li, für Größe 2, 4 und 6 1 Zun-li-li, alle M des Ärmels str, für Größe 1, 3 und 5 1 Zun-re, für Größe 2, 4 und 6 1 Zun-re-li.
Vorderteil: 2 M rechts, 1 Zun-re, stricke alle M des Vorderteils bis zu den letzten 2 M, 1 Zun-li, 2 M rechts.
Stricke diese Zunahmen insgesamt 4x in jeder 2. Rd, sowie in der nächsten Rd NUR für die Ärmel ein weiteres Mal = je 74 (82) 90 (98) 106 (114) M für Vorderteil und Rückenteil, 66 (70) 74 (78) 82 (86) M für die Ärmel.

TRENNEN VON ÄRMEL- UND KÖRPER-MASCHEN

Lege die M des linken Ärmels still und schlage 6 Achsel-M neu an, stricke alle M des Rückenteils, lege die M des rechten Ärmels still und schlage 6 Achsel-M neu an, stricke alle M des Vorderteils, stricke weiter in Rd und füge die Achsel-M in das Muster ein.
Stricke nun im Muster weiter, bis du eine Gesamthöhe ab Anschlag von 49 (49) 51 (52) 53 (53) cm erreicht hast.
Die M werden italienisch abgekettet, dafür musst du 3 Vorbereitungs-Rd str:
1. Rd: *1 M rechts, lege die nächste M vor die Arbeit, stricke 1 M links, stricke die M vor der Arbeit rechts, 1 M links, *, wiederhole von *-* bis zum Rd-Ende.
2. Rd: * 1 M rechts, 1 M links abheben mit Faden vor der Arbeit*, wdh von *-* bis zum Rd-Ende.
3. Rd: * 1 M rechts abheben mit Faden hinter der Arbeit, 1 M links*, wdh von *-* bis zum Rd-Ende.
Kette nun alle M italienisch ab.

ÄRMEL

Lege die Ärmelmaschen wieder auf eine Strick-Nd und nimm aus den Achsel-M des Körpers 6 M auf, setze hier zu Orientierung einen MM und füge die 6 Achsel-M in das Muster ein.
Stricke im Muster in Rd bis zu einer Gesamthöhe ab Achsel von 42 cm.
Arbeite nun, wie beim Körper beschrieben 3 Vorbereitungs-Rd und kette die M italienisch ab.

KRAGEN

Nimm aus den Rdm des Halsausschnittes 112 M auf, beginne hier nach der rechten Schulternaht.
Stricke 22 cm im 2/2 Rippenmuster.
Arbeite nun wie beim Körper beschrieben 3 Vorbereitungs-Rd und kette die M italienisch ab.

FERTIGSTELLUNG

Vernähe alle Fäden sorgfältig. Falls erforderlich, wasche den Sweater gemäß den Angaben des Garnherstellers, ziehe ihn in Form und lass ihn liegend trocknen.

Profi-Tipp

„MEIN PULLOVER HAT PILLING-KNÖTCHEN.“ Pilling – lästige kleine Faserknötchen, die durch Reibung insbesondere an den Seiten und unter den Ärmeln entstehen. Zupfe bitte nicht daran, ich weiß, die Versuchung ist groß. Doch dadurch lösen sich weitere Fasern von den Fäden. Kämme mit einem speziellen Wollkamm oder einem Fusselrasierer die Knötchen weg. Falls du beides nicht zur Hand hast, kannst du es auch ganz vorsichtig mit einer kleinen Schere versuchen.

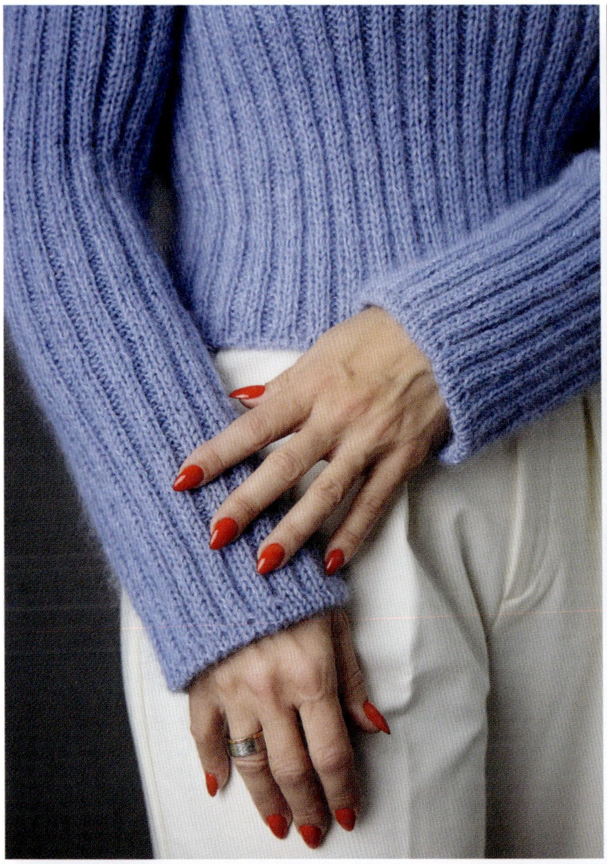

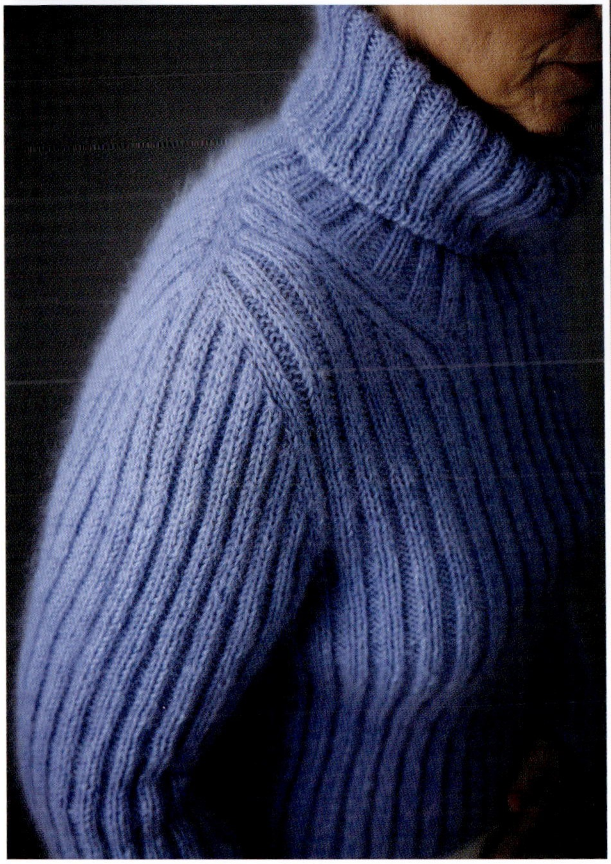

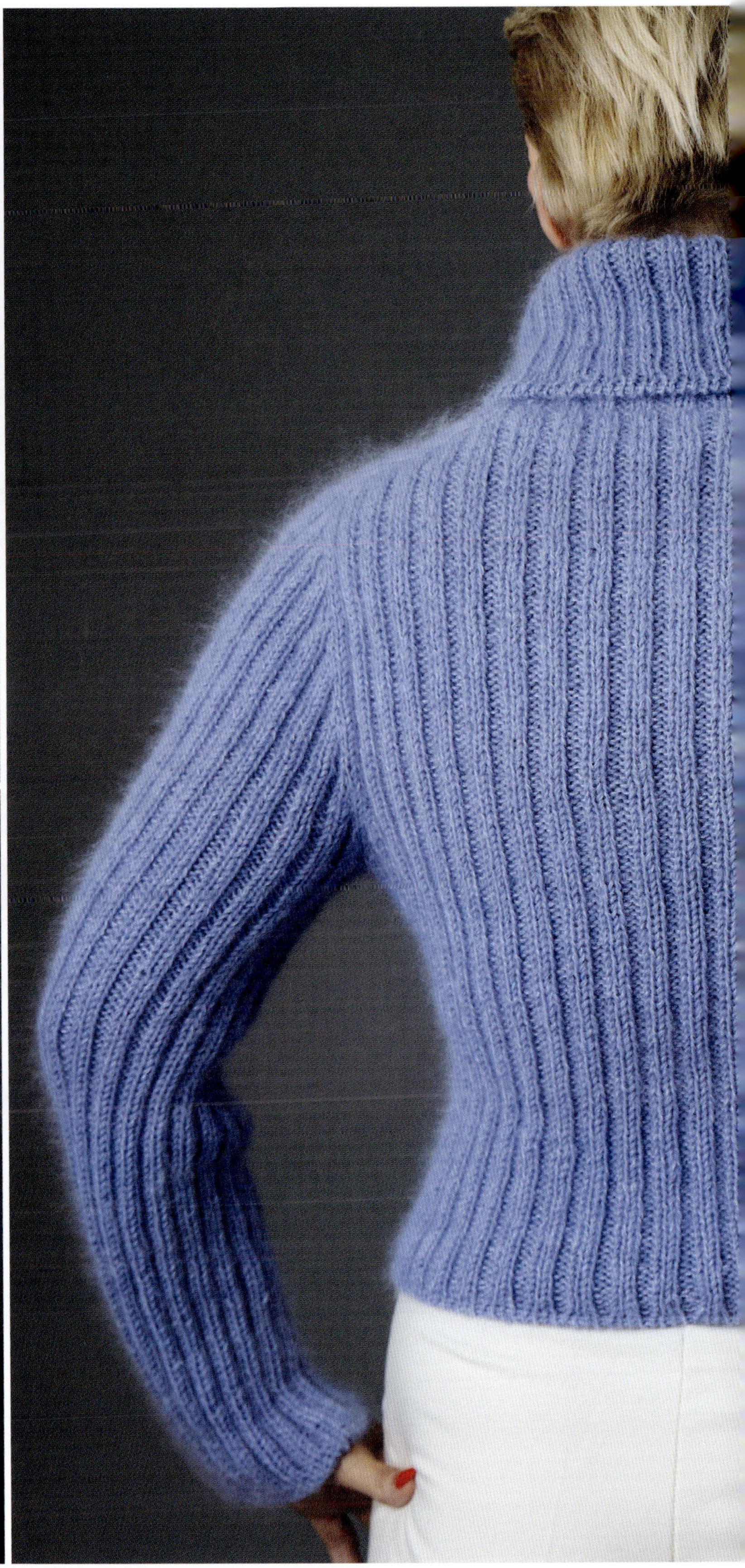

Flora

Flora wird mit einer Rundpasse von oben nach unten begonnen. Zöpfe durchziehen den ganzen Pullover, die bereits im Kragen beginnen und durch Zunahmen nach unten hin breiter werden. Sobald die Passe fertig ist, werden Ärmel und Körper voneinander getrennt und separat in Runden fertig gestrickt. Hübsche Saumbündchen im verschränkten 1/1 Rippenmuster werden im Anschluss italienisch abgekettet.

2 SCHWIERIGKEITSGRAD

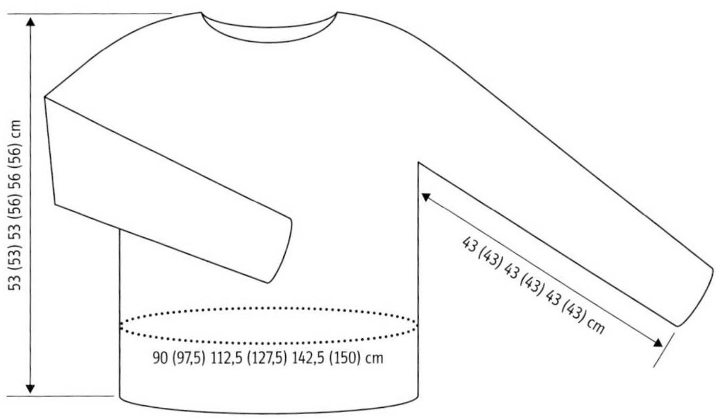

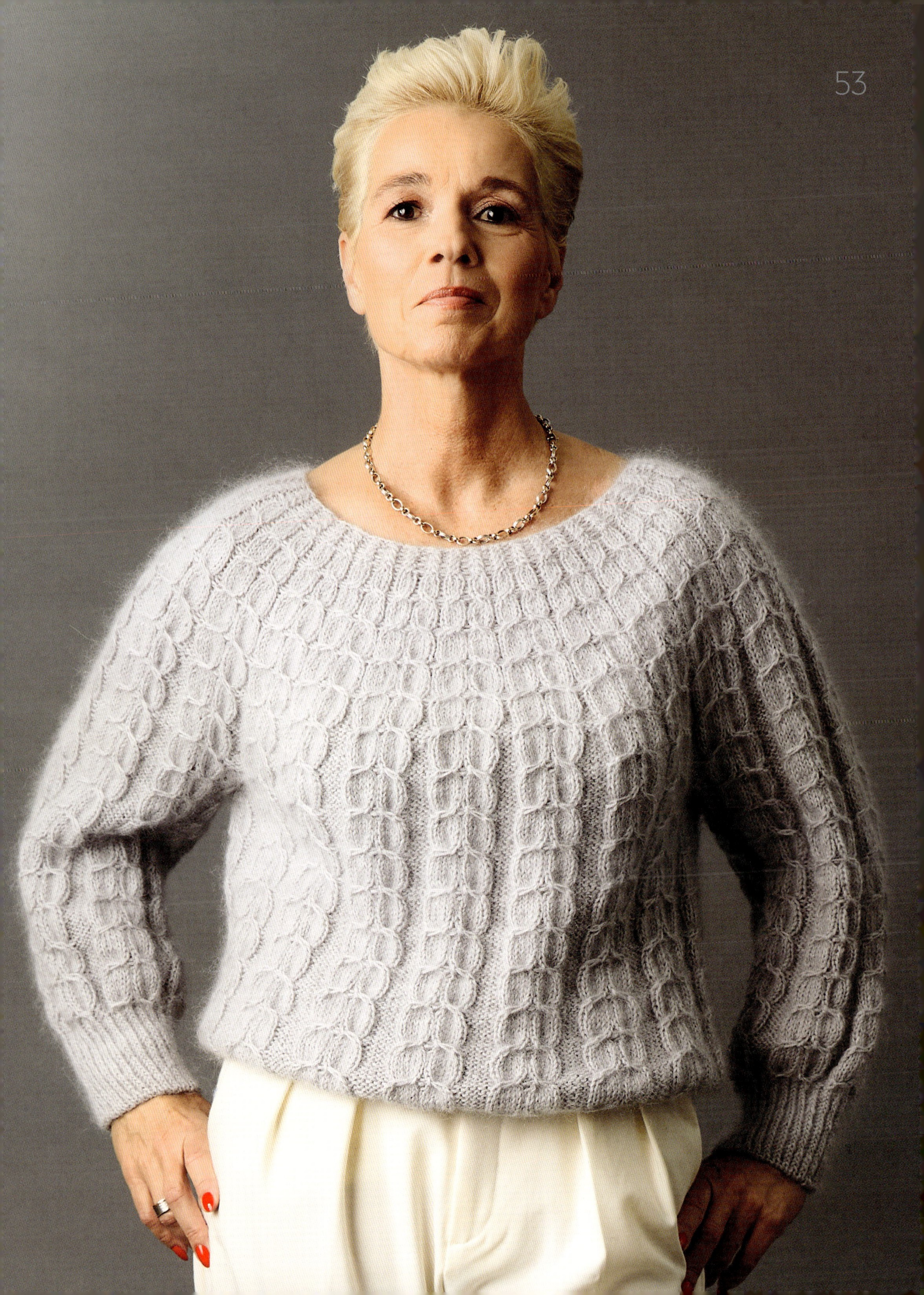

Größen

	GRÖSSE 1	GRÖSSE 2	GRÖSSE 3	GRÖSSE 4	GRÖSSE 5	GRÖSSE 6
GESTRICKTE OBERWEITE	90 cm	97,5 cm	112,5 cm	127,5 cm	142,5 cm	150 cm
GESAMTLÄNGE AB KRAGEN	53 cm	53 cm	53 cm	56 cm	56 cm	56 cm
UNTERARMLÄNGE	43 cm	43 cm	43 cm	43 cm	43 cm	43 cm

Alle Werte sind ca.- Angaben. Diese können durch die Wahl des Garns und die Strickeigenschaften abweichen. Die Länge des Körpers und der Ärmel kann individuell angepasst werden.

Material

LANGYARNS Alpaca Soxx 4ply (70% Alpaka, 30% Polyamid, LL 390 m/100 g) in Hellgrau (Fb 3), 300 (300) 300 (400) 400 (500) g

LANGYARNS Mohair Luxe (77% Mohair, 23% Seide, LL 175 m/25 g) in Hellgrau (Fb 123), 125 (150) 175 (200) 225 (250) g

Beide Qualitäten werden zusammen verstrickt.

Rundstricknadeln 3,5 mm, 40 und 60 cm lang

Rundstricknadeln 4,0 mm 60, 80 und 100 cm lang

Separate Seile oder extra Fäden zum Stilllegen von Maschen

Maschenmarkierer

Hilfsnadel

Maschenprobe

Zopfstreifen mit Nd 4,0 mm 18 M und 24 R = 7,5 cm x 10 cm

Muster

ZOPFSTREIFEN

Es sind nur die ungeraden Rd gezeichnet. In den geraden Rd alle M str, wie sie erscheinen.
Die Strickschrift wird von rechts nach links gelesen.
Die 1.-8. Rd der Strickschrift bilden den Kragen, alle nachfolgenden Rd zeigen die Passe inklusive aller Zunahmen.

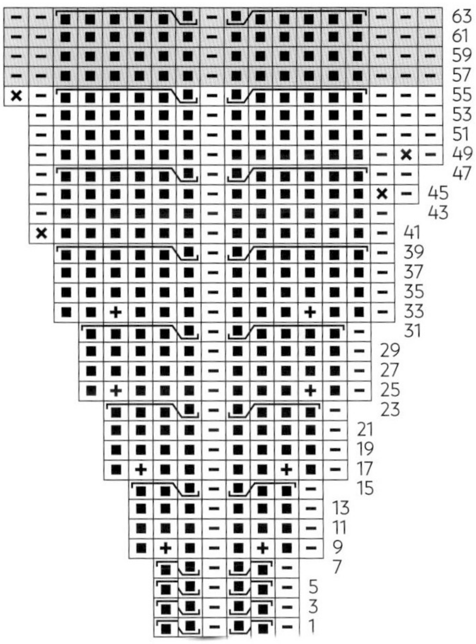

Zeichenerklärung

■ = 1 Masche rechts

− = 1 Masche links

+ = 1 Masche rechts verschränkt aus dem Querfaden aufnehmen

× = 1 Masche links verschränkt aus dem Querfaden aufnehmen

= 1 Masche auf einer Zopfnadel hinter die Arbeit legen, 1 Masche rechts, die Masche der Zopfnadel rechts stricken

= 1 Masche auf der Zopfnadel vor die Arbeit legen, 1 Masche rechts, die Masche der Zopfnadel rechts stricken

= 2 Maschen auf einer Zopfnadel hinter die Arbeit legen, 1 Masche rechts, dann die Maschen der Zopfnadel rechts stricken

= 1 Masche auf einer Zopfnadel vor die Arbeit legen, 2 Maschen rechts, dann die Masche der Zopfnadel rechts stricken

= 3 Maschen auf einer Zopfnadel hinter die Arbeit legen, 1 Masche rechts, dann die Maschen der Zopfnadel rechts stricken

= 1 Masche auf einer Zopfnadel vor die Arbeit legen, 3 Maschen rechts, dann die Masche der Zopfnadel rechts stricken

= 4 Maschen auf einer Zopfnadel hinter die Arbeit legen, 1 Masche rechts, dann die Maschen der Zopfnadel rechts stricken

= 1 Masche auf einer Zopfnadel vor die Arbeit legen, 4 Maschen rechts, dann die Masche der Zopfnadel rechts stricken

= 5 Maschen auf einer Zopfnadel hinter die Arbeit legen, 1 Masche rechts, dann die Maschen der Zopfnadel rechts stricken

= 1 Masche auf einer Zopfnadel vor die Arbeit legen, 5 Maschen rechts, dann die Masche der Zopfnadel rechts stricken

VERSCHRÄNKTES 1/1 RIPPENMUSTER

In Rd: 1 M rechts verschränkt, 1 M links verschränkt im Wechsel str.

Anleitung

Schlage mit beiden Qualitäten zusammen und Nd 3,5 mm 108 (114) 126 (138) 150 (156) M an. Stricke den Kragen relativ fest, damit er nicht zu weit wird. Nimm alternativ eine halbe Nd-Stärke kleiner.
Schließe die Arbeit zur Rd, setze einen MM für den Rd-Beginn. Dieser befindet sich in der Mitte des Rückenteils.
Stricke eine Vorbereitungs-Rd für den Kragen: 18 (19) 21 (23) 25 (26)x (1 M links, 2 M rechts, 1 M links, 2 M rechts).
Arbeite nun nach der Strickschrift.
Für Größe 1 und 2 ist die Passe nach der 58. Rd beendet.
Für Größe 3 und 4: Stricke nach Ende der Strickschrift noch 1x die 57. und 58. Rd = 66 Rd insgesamt.
Für Größe 5 und 6: Stricke nach Ende der Strickschrift noch 1x die 57.-64. Rd.

TRENNEN VON KÖRPER UND ÄRMELN

Achtung: Musterbedingt haben Größe 2, 3, 4 und 5 im Vorderteil einen Zopfstreifen mehr als im Rückenteil, dies hat jedoch keinerlei Auswirkung auf die Passform.
Stricke 3 (3) 3 (4) 4 (4) Zopfstreifen à 18 M für das halbe Rückenteil (= 54 (54) 54 (72) 72 (72) M), lege die nächsten 4 (4) 4 (4) 5 (5) Zopfstreifen für den

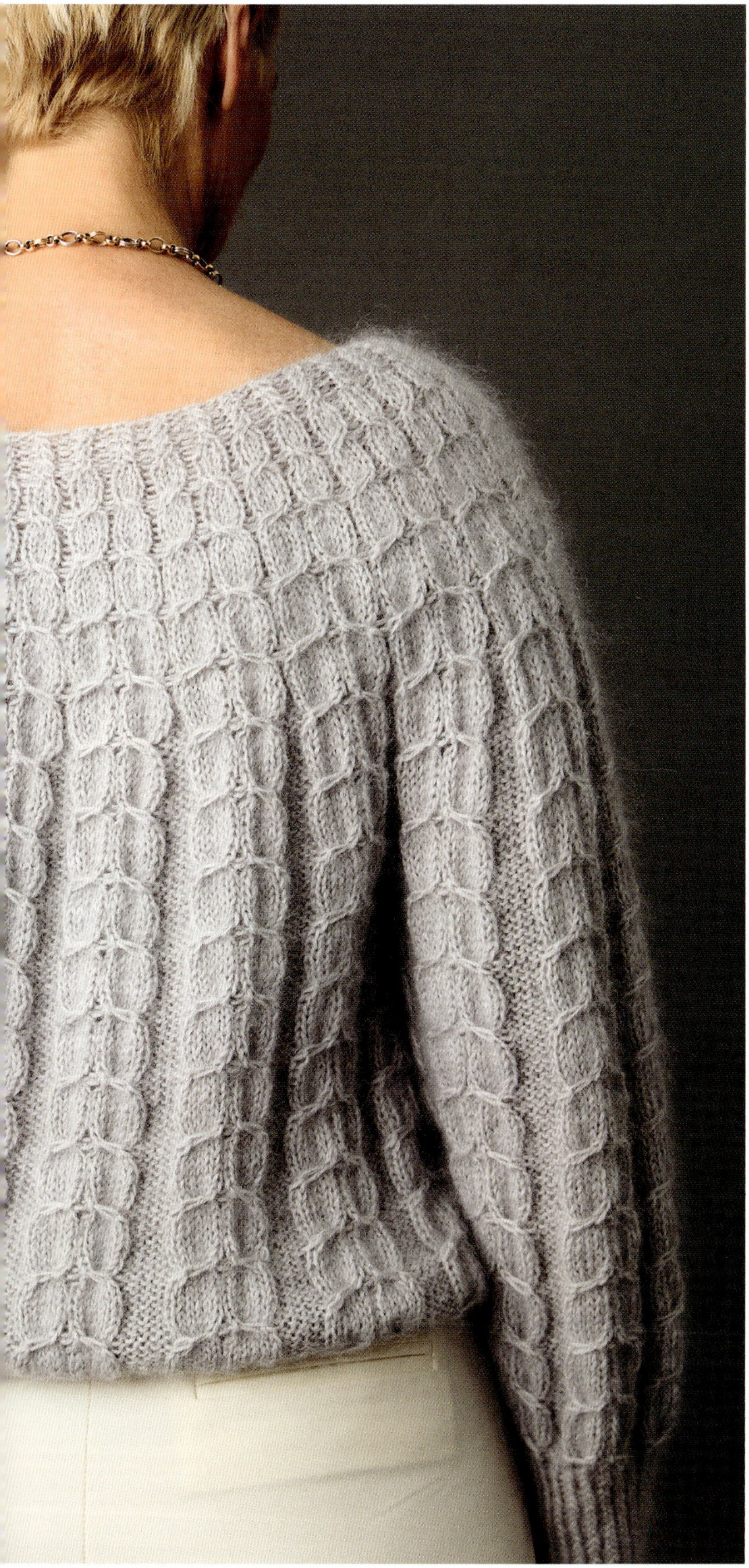

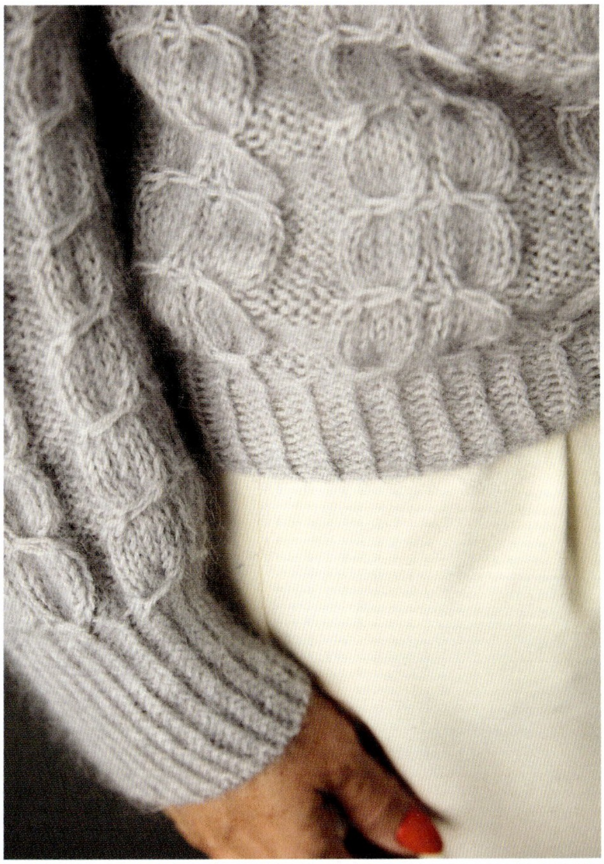

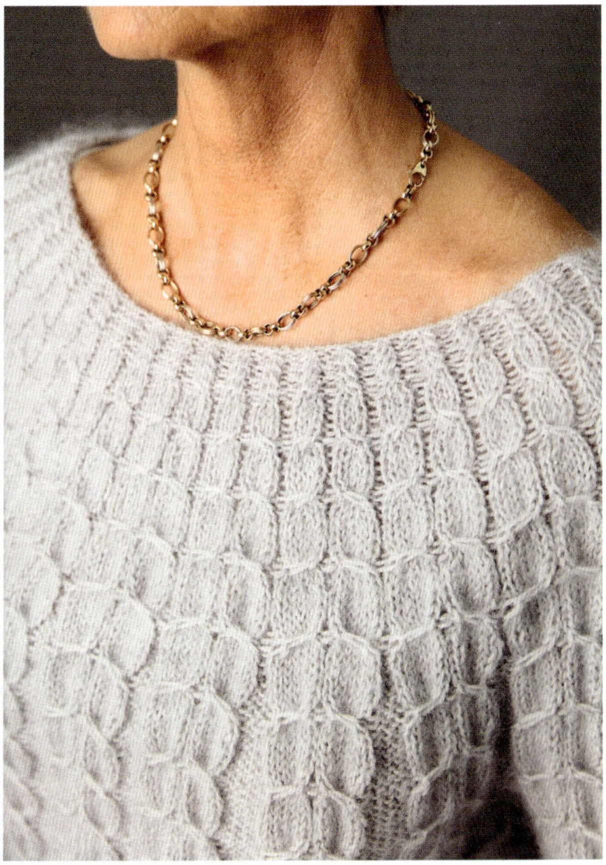

rechten Ärmel still, schlage 18 (18) 18 (18) 36 (36) Achsel-M neu an, stricke die nächsten 5 (6) 7 (8) 8 (8) Zopfstreifen für das Vorderteil (= 90 (108) 126 (144) 144 (144) M), lege die nächsten 4 (4) 4 (4) 5 (5) Zopfstreifen für den linken Ärmel still, schlage 18 (18) 18 (18) 36 (36) Achsel-M neu an, stricke die restlichen 2 (2) 3 (3) 3 (4) Zopfstreifen für das Rückenteil (= 36 (36) 54 (54) 54 (72) M).
Stricke nun weiter im Muster, nimm hier die 57.-64. Rd der Strickschrift zu Hilfe und füge die Achsel-M in das Muster ein, indem du hier ebenfalls je nach Größe einen bzw. zwei Zopfstreifen strickst.
Bei einer Gesamthöhe von 48 (48) 48 (51) 51 (51) cm ab Anschlag sind die Zopfstreifen für den Körper beendet. Die letzte Rd sollte eine 63. Rd der Strickschrift (Verzopfung) sein.
Stricke anschließend zur Vorbereitung auf das Bündchen folgende Rd mit Abnahmen:
2 M links zusammenstricken, 3x (2 M rechts überzogen zusammenstricken), 1 M links, 3x (2 M rechts überzogen zusammenstricken), 1 M links, 2 M links zusammenstricken, von *-* bis zum Rd-Ende wdh.
Arbeite anschließend 4,5 cm im verschränkten 1/1 Rippenmuster und kette dann alle M italienisch ab:
Stricke hierzu 2 Vorbereitungs-Rd:
1. Rd: 1 M rechts verschränkt, 1 M links verschränkt abheben mit dem Faden vor der Arbeit im Wechsel str.
2. Rd: 1 M rechts verschränkt abheben mit dem Faden hinter der Arbeit, 1 M links verschränkt im Wechsel str.
Kette nun alle M italienisch ab.

ÄRMEL

Lege alle Ärmel-M wieder auf die Nd und stricke direkt aus den Achsel-M des Körpers 18 (18) 18 (18) 36 (36) Achsel-M heraus. Setze einen MM für den Rd-Beginn.
Stricke nun den Ärmel im Muster weiter, füge die Achsel-M in das Muster ein, indem du hier ebenfalls je nach Größe einen bzw. zwei Zopfstreifen strickst.
Bei einer Höhe von 34 cm ab Achsel (die letzte Rd sollte auch hier eine 63. Rd der Strickschrift sein) stricke eine Rd mit Abnahmen wie folgt:
2 M links zusammenstricken, 3x (2 M rechts überzogen zusammenstricken), 1 M links, 3x (2 M rechts überzogen zusammenstricken), 1 M links, 2 M links zusammenstricken, von *-* bis zum Rd-Ende wdh.
Arbeite anschließend 8,5 cm im verschränkten 1/1 Rippenmuster und kette anschließend alle M italienisch ab:
Stricke hierzu 2 Vorbereitungs-Rd:
1. Rd: 1 M rechts verschränkt, 1 M links verschränkt abheben mit dem Faden vor der Arbeit im Wechsel str.
2. Rd: 1 M rechts verschränkt abheben mit dem Faden hinter der Arbeit, 1 M links verschränkt im Wechsel str.
Kette nun alle M italienisch ab.

FERTIGSTELLUNG

Vernähe alle Fäden sorgfältig. Falls erforderlich, wasche den Sweater gemäß den Angaben des Garnherstellers, ziehe ihn in Form und lass ihn liegend trocknen. Sollte dir hier der Kragen etwas zu weit sein, so kannst du ihn mit einer Rd fester Häkelmaschen etwas einfassen.

Profi-Tipp

„ICH MÖCHTE GERNE AUS DIESEM PULLOVER EIN KLEID STRICKEN."
Aus Flora kannst du sehr leicht ein Kleid stricken. Arbeite einfach die Zopfmusterstreifen bis zu deiner gewünschten Länge und schließe mit einem breiten Saumbündchen ab. Der Schnitt ist perfekt dafür!

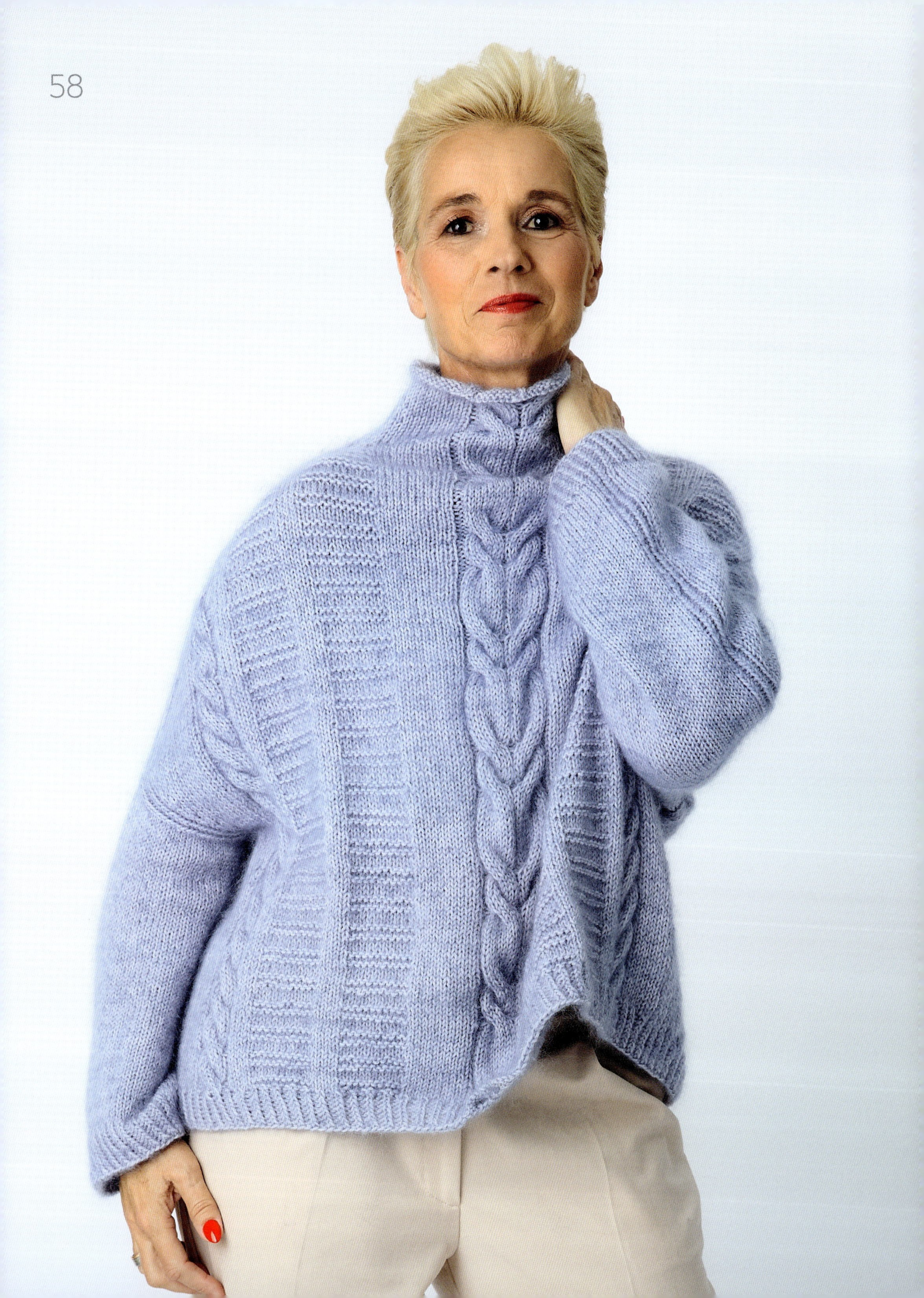

Aria

Der Sweater wird am Kragen begonnen. Dieser wird in Runden gestrickt und anschließend werden durch seitliche Zunahmen die überzogenen Schulterpartien sowie Vorder- und Rückenteil geformt. Entgegen der üblichen Strickart werden hier die Ärmel nachträglich angestrickt.

3 SCHWIERIGKEITSGRAD

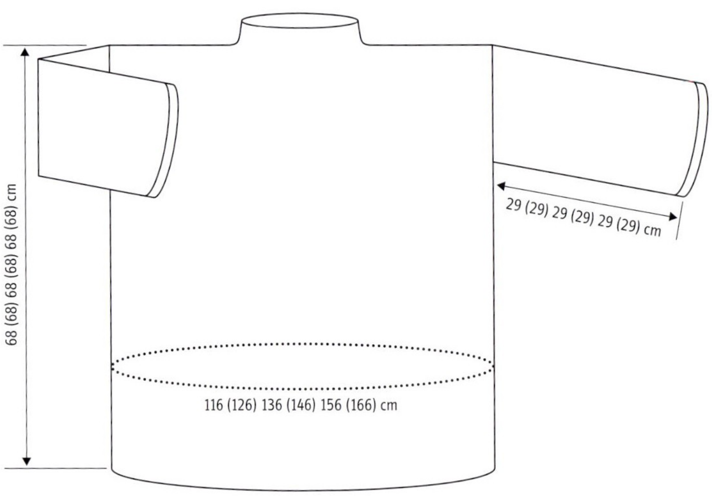

Größen

Der Sweater sollte mit einer positive ease (= Mehrweite) von mindestens 20 cm getragen werden.

	GRÖSSE 1	GRÖSSE 2	GRÖSSE 3	GRÖSSE 4	GRÖSSE 5	GRÖSSE 6
GESTRICKTE OBERWEITE	116 cm	126 cm	136 cm	146 cm	156 cm	166 cm
GESAMTLÄNGE AB KRAGEN	68 cm	68 cm	68 cm	68 cm	68 cm	68 cm
UNTERARMLÄNGE	29 cm	29 cm	29 cm	29 cm	29 cm	29 cm

Alle Werte sind ca.- Angaben. Diese können durch die Wahl des Garns und die Strickeigenschaften abweichen. Die Länge des Körpers und der Ärmel kann individuell angepasst werden.

Material

LANGYARNS Merino 200 Bébé (100% Schurwolle, LL 203 m/50 g)
in Hellblau (Fb 324), 250 (300) 350 (400) 450 (500) g

LANGYARNS Mohair Luxe (77% Mohair, 23% Seide, LL 175 m/25 g)
in Blaugrau (Fb 133), 250 (300) 350 (400) 450 (500) g

Beide Qualitäten werden zusammen verstrickt.

Rundstricknadeln 4,5 mm, 60, 80 und 100 cm lang

Separate Seile oder extra Fäden zum Stilllegen von Maschen

Maschenmarkierer

Hilfsnadel

Sicherheitsnadel

Maschenprobe

Mittel-Zopf mit Nd 4,5 mm 17 M und 28 R = 7 cm x 10 cm
Glatt rechts mit Nd 4,5 mm 20 M und 28 R = 10 cm x 10 cm

Muster

GLATT RECHTS

In R: Hinr: Alle M rechts str. Rückr: Alle M links str.
In Rd: Stets rechte M str.

KRAUS RECHTS

In R: Hinr: Alle M rechts str. Rückr: Alle M rechts str.
In Rd: 1 Rd rechte M, 1 Rd linke M im Wechsel str.

MITTEL-ZOPF ÜBER 21 MASCHEN

Es sind nur die Hinr bzw. ungeraden Rd gezeichnet. In den Rückr bzw. den geraden Rd alle M str, wie sie erscheinen.
Die Strickschrift wird von rechts nach links gelesen.
1 Mustersatz = 21 M und 22 R/Rd.

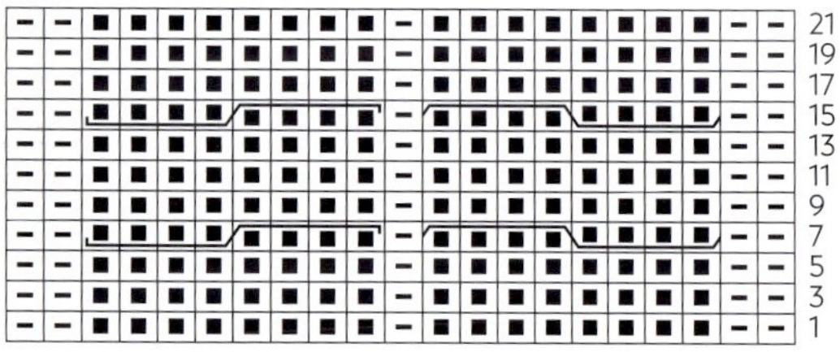

Zeichenerklärung
▣ = 1 Masche rechts
⊟ = 1 Masche links
⊛ = 1 Masche kraus rechts
= 4 Maschen auf einer Zopfnadel hinter die Arbeit legen, 4 Maschen rechts, die Maschen der Zopfnadel rechts stricken
= 4 Maschen auf der Zopfnadel vor die Arbeit legen, 4 Maschen rechts, die Maschen der Zopfnadel rechts stricken

ZOPF A ÜBER 12 MASCHEN

Es sind nur die Hinr bzw. ungeraden Rd gezeichnet. In den Rückr bzw. den geraden Rd alle M str, wie sie erscheinen.
Die Strickschrift wird von rechts nach links gelesen.
1 Mustersatz = 12 M und 8 R/Rd.

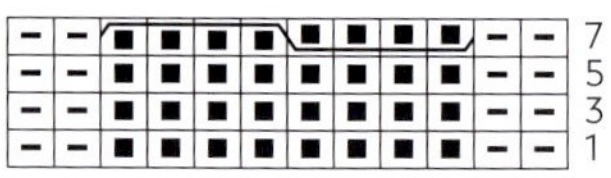

ZOPF B ÜBER 12 MASCHEN

Es sind nur die Hinr bzw. ungeraden Rd gezeichnet. In den Rückr bzw. den geraden Rd alle M str, wie sie erscheinen.
Die Strickschrift wird von rechts nach links gelesen.
1 Mustersatz = 12 M und 8 R/Rd.

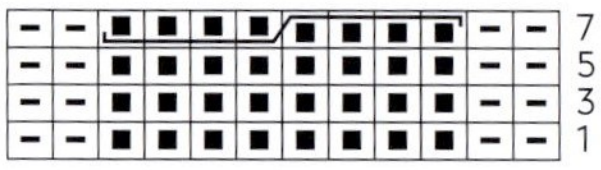

KRAUS RECHTES STREIFENMUSTER

Es sind nur die Hinr bzw. ungeraden Rd gezeichnet. In der 2. und 4. R alle M rechts str, in der 6. R alle M links str bzw. in der 2. und 4. Rd alle M links str und in der 6. Rd alle M rechts str.
Die Strickschrift wird von rechts nach links gelesen.
1 Mustersatz = 10 M und 6 R/Rd.

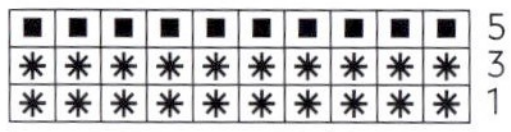

VERSCHRÄNKTES 1/1 RIPPENMUSTER

In Rd: 1 M rechts verschränkt, 1 M links verschränkt im Wechsel str.

ZUNAHMEN

Zun-re: Hebe den Querfaden zwischen 2 M von hinten auf die linke Nd und stricke ihn rechts ab.
Zun-li: Hebe den Querfaden zwischen 2 M von vorne auf die linke Nd und stricke ihn rechts verschränkt ab.

MUSTEREINTEILUNG VON VORDERTEIL UND RÜCKENTEIL

Rdm, 2x (1 M rechts verschränkt, 1 M links verschränkt), 5 (10) 15 (20) 25 (30) M rechts, 12 M Zopf A, 2x (4 M rechts, 10 M kraus rechtes Streifenmuster), 10 M rechts, 21 M Mittel-Zopf, 10 M rechts, 2x (10 M kraus rechtes Streifenmuster, 4 M rechts), 12 M Zopf B, 5 (10) 15 (20) 25 (30) M rechts, 2x (1 M links verschränkt, 1 M rechts verschränkt), Rdm = 141 (151) 161 (171) 181 (191) M.

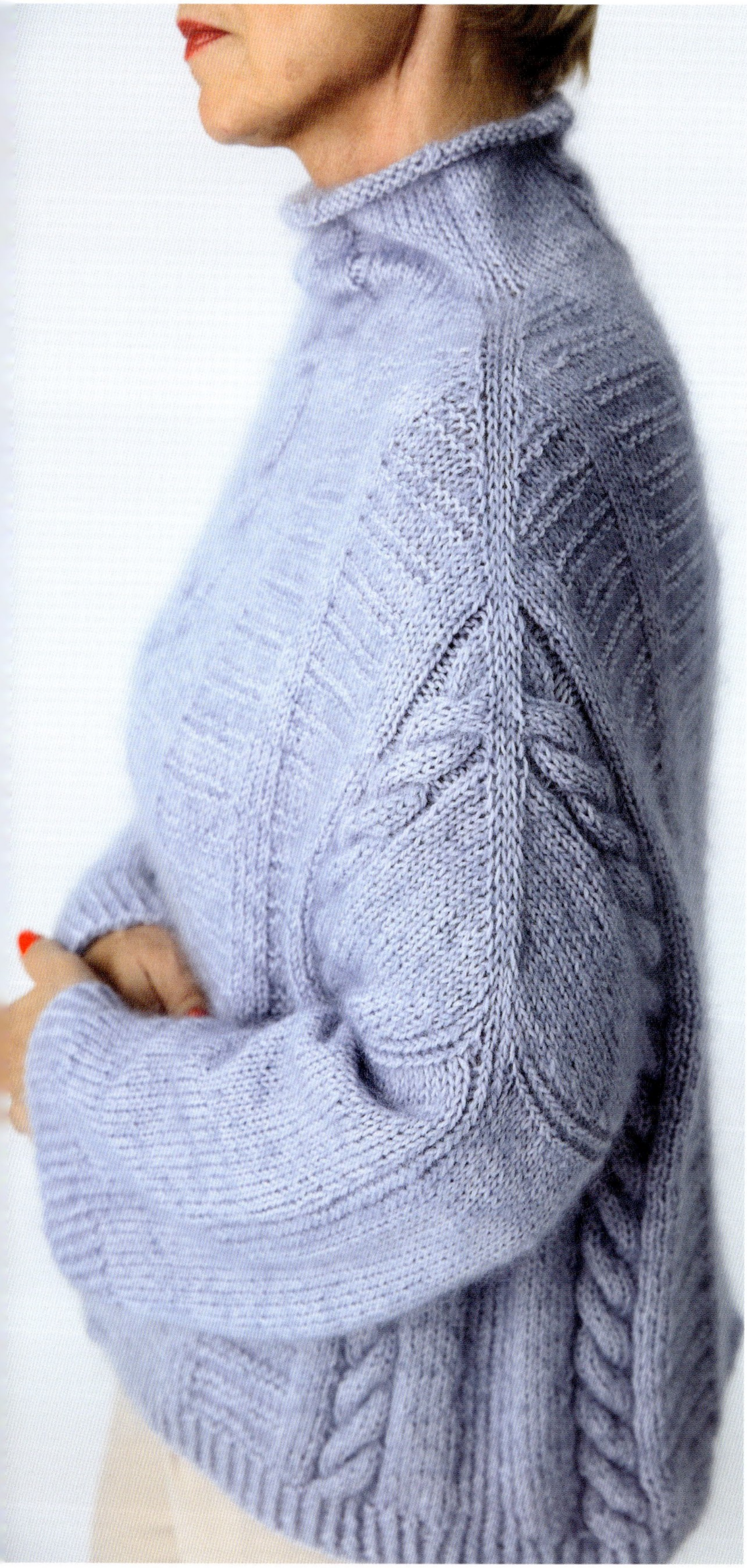

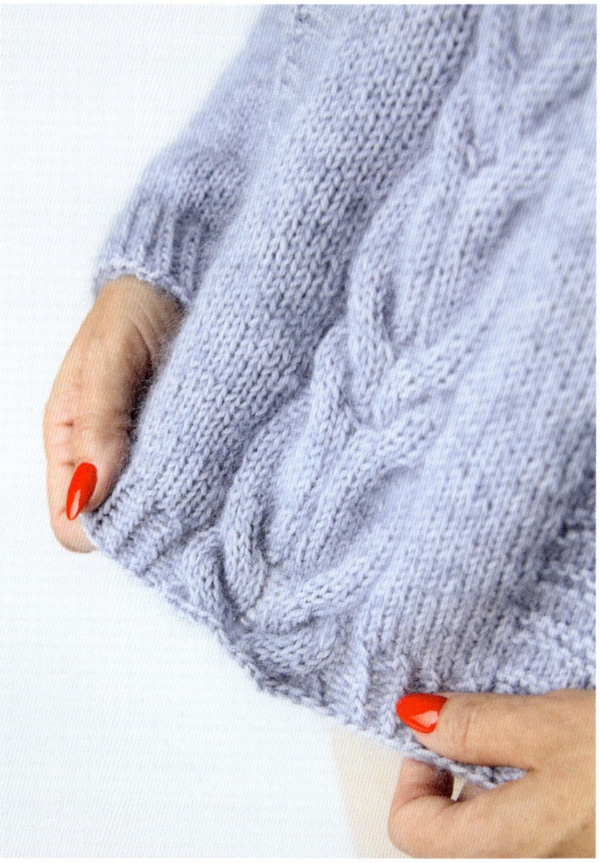

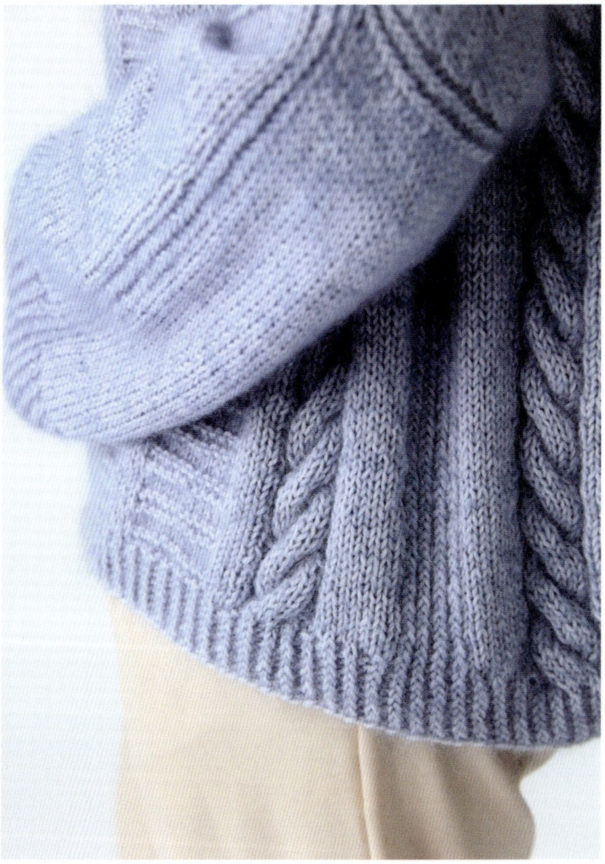

Anleitung

Schlage mit beiden Qualitäten zusammen 88 M an. Schließe die Arbeit zur Rd. Setze einen MM für den Rd-Beginn, dieser befindet sich im hinteren Kragenbereich, direkt neben dem Mittel-Zopf. Stricke nun in der folgenden M-Einteilung, stricke dabei nach den Strickschriften:

1. Rd: 11 M rechts, 1 M links, 11 M rechts, 1x den Mustersatz des Mittel-Zopfs, 11 M rechts, 1 M links, 11 M rechts, 1 x den Mustersatz des Mittel-Zopfs.

2.-22. Rd: Stricke in dieser Einteilung mustergemäß.

FORMUNG DER SCHULTERPARTIE, VORDER- UND RÜCKENTEIL

Die Zunahmen beginnen jeweils bei dem Kraus rechten Streifenmuster.

1. Rd: 10 M rechts, 1 Zun-re, [1 M links, 1 M rechts, 1 M links = rechte Schulterlinie], 1 Zun-li, 10 M rechts, 21 M Mittel-Zopf, 10 M rechts, 1 Zun-re, [1 M links, 1 M rechts, 1 M links = linke Schulterlinie], 1 Zun-li, 10 M rechts, 21 Mittel-Zopf = 92 M.

2. Rd: 10 M rechts, 1 M kraus rechts, 1 Zun-re, [1 M links, 1 M rechts, 1 M links = rechte Schulterlinie], 1 Zun-li, 1 M kraus rechts, 10 M rechts, 21 M Mittel-Zopf, 10 M rechts, 1 M kraus rechts, 1 Zun-re, [1 M links, 1 M rechts, 1 M links = linke Schulterlinie], 1 Zun-li, 1 M kraus rechts, 10 M rechts, 21 M Mittel-Zopf = 96 M.

Stricke nun noch weitere 48 (53) 58 (63) 68 (73) Zunahmen, wie in der 1. und 2. Rd beschrieben, und füge diese in das Muster ein. Nimm hierzu die Mustereinteilung zu Hilfe = 288 (308) 328 (348) 368 (388) M.

Nun werden Vorder- und Rückenteil separat bis zum Erreichen der Armlochhöhe gestrickt.

Lege dazu die Maschen des Rückenteils still. Die je 3 M der Schulterlinie fließen in die Ärmel über, lege diese ebenfalls still. Nimm hierzu eine Sicherheits-Nd zu Hilfe.

Stricke nun 28 (30) 32 (34) 36 (38) R in der Mustereinteilung.

Nimm dabei für die Passform der überzogenen Schulter 4 (5) 6 (7) 8 (9)x je 1 M in der 3. R und anschließend in jeder 4. R ab, wie folgt:

Rdm, 2x (1 M rechts verschränkt, 1 M links verschränkt), 2 M rechts zusammenstricken, alle M der R bis zu den letzten 7 M mustergemäß str, 2 M rechts überzogen zusammenstricken, 2x (1 M links verschränkt, 1 M rechts verschränkt), Rdm.

Du hast nun 133 (141) 149 (157) 165 (173) M für das Vorderteil, lege die M still.

Nimm die M des Rückenteils wieder auf eine Strick-Nd und arbeite es exakt wie das Vorderteil.

ZUSAMMENLEGEN VON VORDER- UND RÜCKENTEIL

Lege die M des Vorderteils wieder auf die Nd, stricke alle M im Muster bis zur Rdm, stricke diese mit der Rdm des Rückenteils links verschränkt zusammen, stricke alle M des Rückenteils im Muster bis zur Rdm, stricke diese mit der Rdm des Vorderteils links verschränkt zusammen und setze für den Rd-Beginn einen MM.

264 (280) 296 (312) 328 (344) M.

Stricke den Körper in der Mustereinteilung weiter, bis er eine Gesamthöhe von ca. 65 cm erreicht hat. Da der Mittel-Zopf im Saumbund weitergestrickt wird, sollte die 7. Rd des Mustersatzes die letzte Rd am Körperteil sein, nimm hier bereits folgende M ab:

2x (1 M rechts verschränkt, 1 M links verschränkt), nimm im Musterabschnitt vor und nach dem Mittelzopf je 12 M gleichmäßig verteilt ab, stricke 4x (1 M links verschränkt, 1 M rechts verschränkt), 1 M links verschränkt, nimm im Musterabschnitt vor und nach dem Mittelzopf je 12 M gleichmäßig verteilt ab, stricke 2x (1 M links verschränkt, 1 M rechts verschränkt), 1 M links verschr.

Stricke nun im 1/1 Rippenmuster, integriere es in die 9 seitlichen M:

21 (23) 25 (27) 29 (31)x (1 M rechts verschränkt, 1 M links verschränkt), 1 M rechts verschränkt, 21 M Mittel-Zopf, 43 (47) 51 (55) 59 (63)x (1 M rechts verschränkt, 1 M links verschränkt), 1 M rechts verschränkt, 21 M Mittel-Zopf, 22 (24) 26 (28) 30 (32)x (1 M rechts verschränkt, 1 M links verschränkt).

Stricke insgesamt 8 Rd und kette anschließend alle M im Muster ab.

ÄRMEL

Die M für die Ärmel werden direkt aus den Rdm der Armlochöffnung aufgenommen. Beginne hier an der Achselmitte:
Nimm aus der ersten Hälfte 27 (30) 33 (36) 39 (42) M auf, stricke die 3 stillgelegten M der Schulterlinie im Muster, nimm nun aus der 2. Hälfte ebenso 27 (30) 33 (36) 39 (42) M auf, schließe die Arbeit zur Rd und setze einen MM für den Rd-Beginn = 57 (63) 69 (75) 81 (87) M.
Stricke in der folgenden Mustereinteilung 26 cm: 25 (28) 31 (34) 37 (40) M rechts, 3x (1 M links verschränkt, 1 M rechts verschränkt), 1 M links verschränkt, 25 (28) 31 (34) 37 (40) M rechts.
Nimm in der letzten Rd gleichmäßig verteilt 5 M ab = 52 (58) 64 (70) 76 (82) M.
Stricke nun noch 3 cm im verschränkten 1/1 Rippenmuster und integriere hierbei die mittleren 5 M.
Kette anschließend alle M im Muster ab.

FERTIGSTELLUNG

Vernähe alle Fäden sorgfältig. Falls erforderlich, wasche den Sweater gemäß den Angaben des Garnherstellers, ziehe ihn in Form und lass ihn liegend trocknen.

Profi-Tipp

„WIE LAGERE ICH MEINEN PULLOVER ÜBER EINEN LÄNGEREN ZEITRAUM?“ Verpacke deine handgestrickten Wollteile, besonders, wenn du sie länger lagerst, z. B. in den Sommermonaten, immer in einem Ziplock-Beutel oder in luftdichten Boxen. Lege gerne noch ein paar Zedernholzkugeln oder etwas getrockneten Lavendel und Salbei (hübsch verpackt in einem Organza-Beutel) dazu. So kannst du sicherstellen, dass keine Motten deine Schätze befallen.

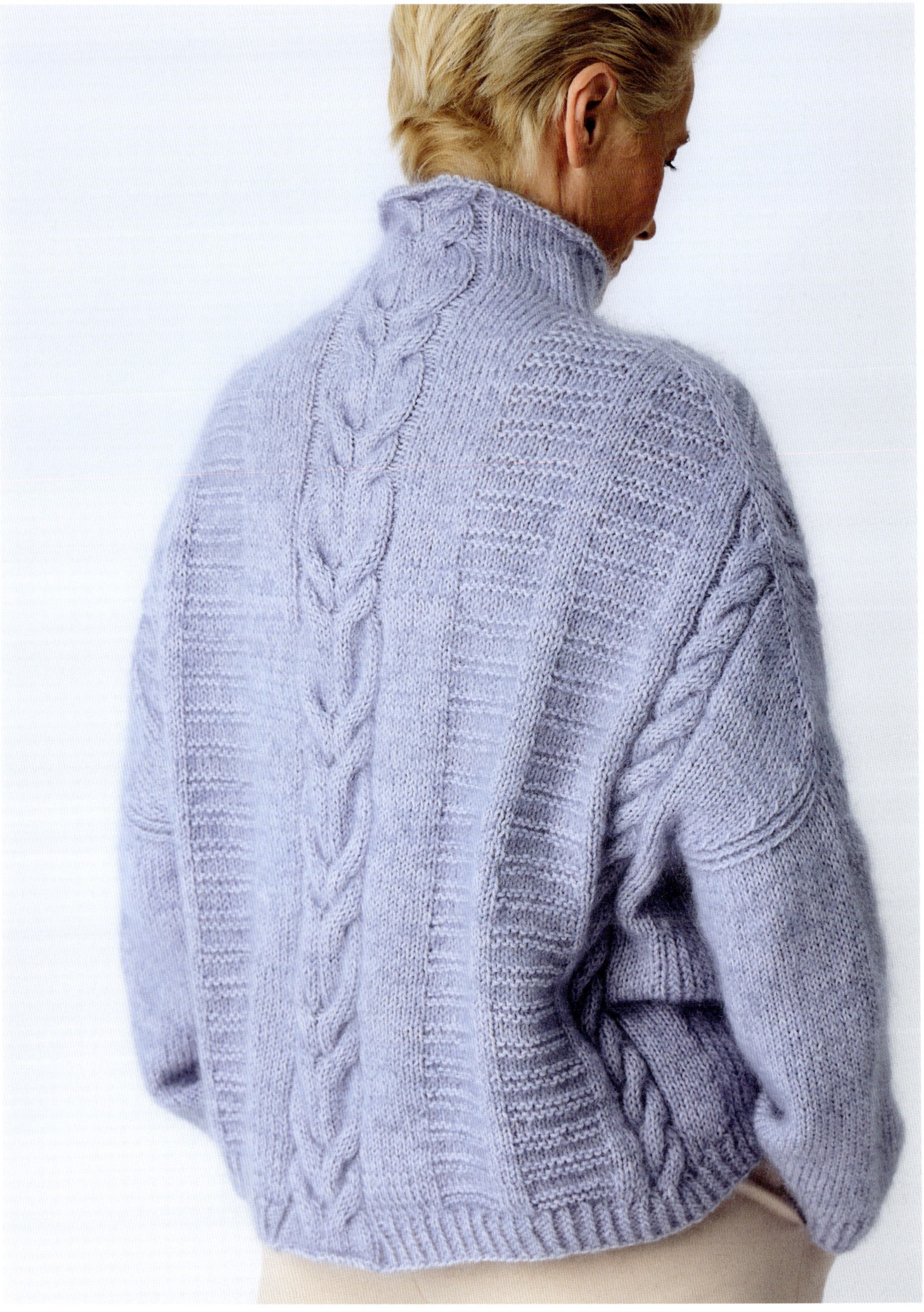

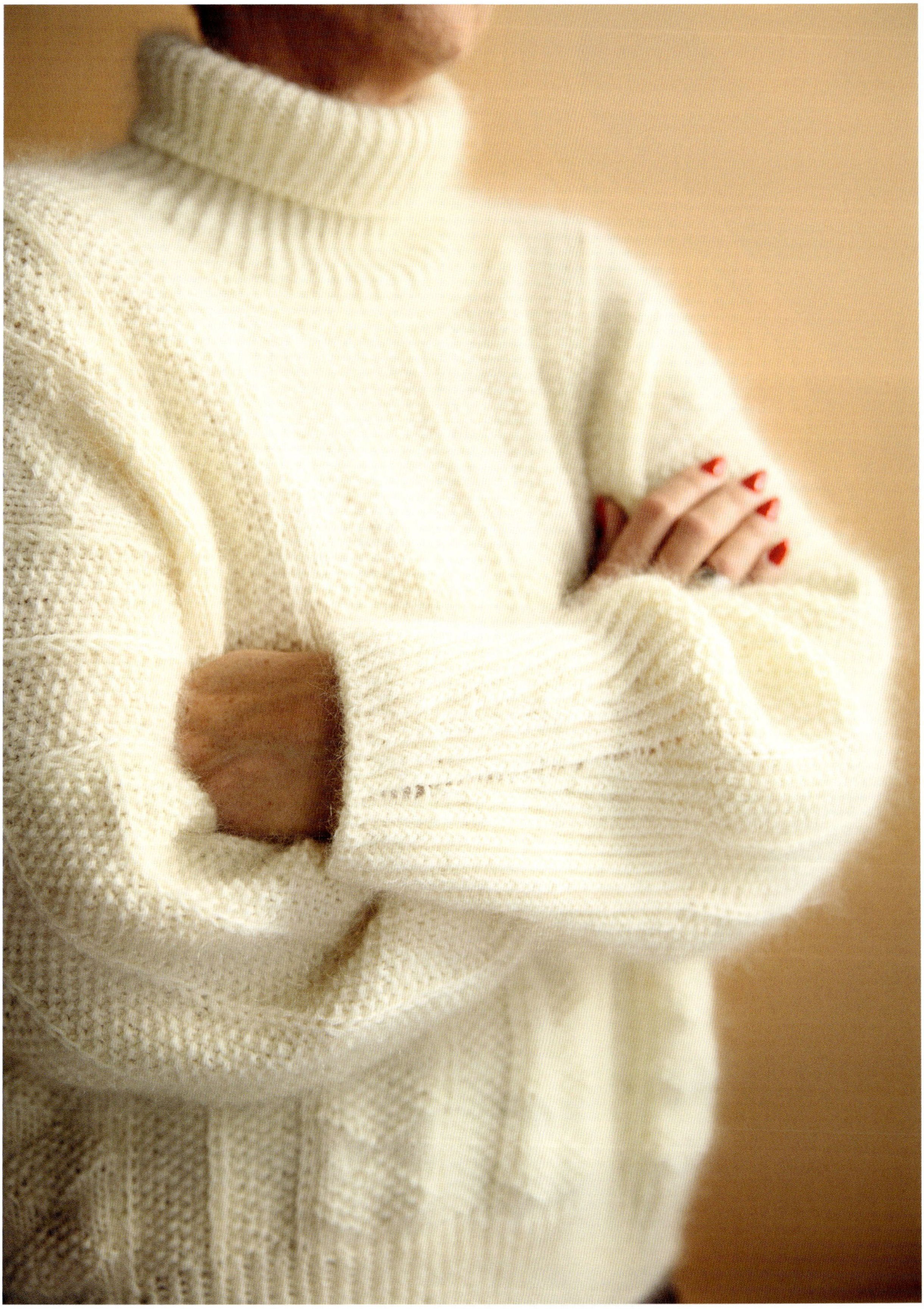

Lexie

Lexie wird von oben nach unten mit schräg verlaufenden Schulterlinien gestrickt. Du startest mit dem rückwärtigen Halsausschnitt und formst durch verkürzte Reihen die schrägen Schulterpartien, an die du direkt das Rückenteil strickst, bis du die gewünschte Höhe der Armlochöffnung erreicht hast. Anschließend strickst du beide Vorderteilhälften an und formst den Halsausschnitt. Sobald du auch hier die gewünschte Höhe des Armloches erreicht hast, strickst du Vorderteil und Rückenteil zusammen und strickst den Körper in Runden zu Ende. Die Ärmel werden direkt angestrickt und ebenfalls in Runden beendet. Hübsche Bündchen im verschränkten Rippenmuster bilden den Abschluss.

2 SCHWIERIGKEITSGRAD

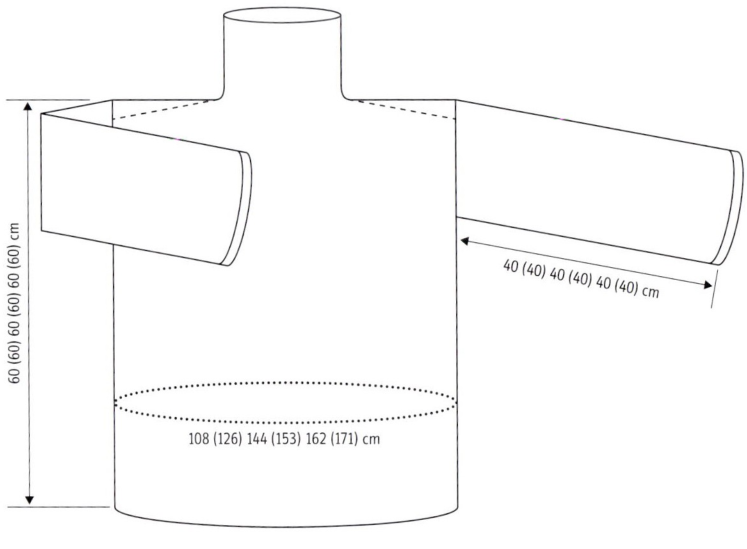

Größen

Der Sweater ist oversized und sollte mit mindestens 20 cm positive ease (= Mehrweite) getragen werden.

	GRÖSSE 1	GRÖSSE 2	GRÖSSE 3	GRÖSSE 4	GRÖSSE 5	GRÖSSE 6
GESTRICKTE OBERWEITE	108 cm	126 cm	144 cm	153 cm	162 cm	171 cm
GESAMTLÄNGE AB KRAGEN	60 cm	60 cm	60 cm	60 cm	60 cm	60 cm
UNTERARMLÄNGE	40 cm	40 cm	40 cm	40 cm	40 cm	40 cm

Alle Werte sind ca.- Angaben. Diese können durch die Wahl des Garns und die Strickeigenschaften abweichen. Die Länge des Körpers und der Ärmel kann individuell angepasst werden.

Material

LANGYARNS Merino 200 Bébé (100% Schurwolle, LL 203 m/50 g) in Offwhite (Fb 302), 300 (350) 400 (450) 500 (550) g

LANGYARNS Mohair Luxe (77% Mohair, 23% Seide, LL 175 m/25 g) in Offwhite (Fb 94) 150 (175) 200 (225) 250 (275) g

Beide Qualitäten werden zusammen verstrickt.

Rundstricknadeln 4,5 mm, 60, 80 und 100 cm lang

Separate Seile oder extra Fäden zum Stilllegen von Maschen

Maschenmarkierer

Hilfsnadel

Maschenprobe

Im Perlmuster mit Nd 4,5 mm 18 M und 30 R = 10 cm x 10 cm

Muster

GRUNDMUSTER

Mustermix aus Perlmuster, Hebemaschen und Perlmusterrauten.

PERLMUSTERRAUTE

1 Mustersatz = 15 M und 11 R/Rd.

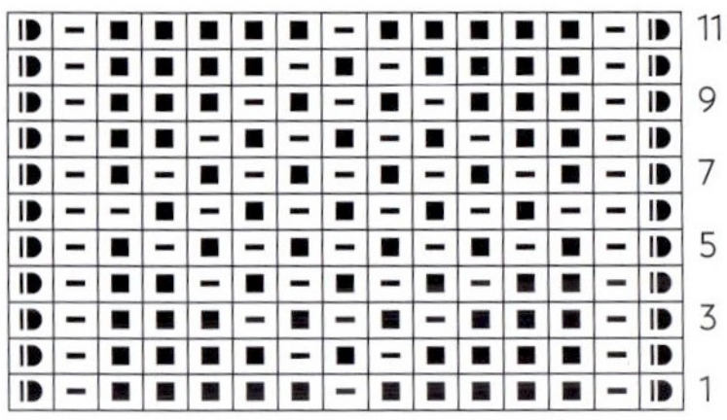

Zeichenerklärung

■ = In Hinreihen und ungeraden Runden 1 Masche rechts, in Rückreihen 1 Masche links, in geraden Runden 1 Masche rechts

– = In Hinreihen und ungeraden Runden 1 Masche links, in Rückreihen 1 Masche rechts, in geraden Runden 1 Masche links

ID = 1 Hebe-Masche

HEBEMASCHE

In R: Die M in der Hinr rechts abheben mit Faden hinter der Arbeit, in der Rückr links str.

In Rd: Die M in der ungeraden Rd rechts abheben mit Faden hinter der Arbeit, in der geraden Rd rechts str.

PERLMUSTER

1. R/Rd: 1 M rechts, 1 M links im Wechsel.

2. R/Rd: 1 M links, 1 M rechts im Wechsel.

Diese 2 R/Rd fortlaufend wdh.

VERSCHRÄNKTES 1/1 RIPPENMUSTER

In R und Rd: 1 M rechts verschränkt, 1 M links verschränkt im Wechsel str.

RANDMASCHE

Hinr: Die 1. und letzte M jeweils rechts str.

Rückr: Die 1. und letzte M jeweils links str.

KETTRANDMASCHE

Die 1. M einer R immer rechts str, die letzte M einer R immer links abheben mit dem Faden vor der Arbeit.

QUERLIEGENDE MASCHEN

Hebe die 1. M ab, stricke die 2. M rechts, lege die 1. abgehobene M vor die 2. M, stricke diese rechts = querliegende M, * stricke die nächste M rechts und lege die querliegende M wiederum vor die soeben gestrickte M und stricke diese rechts*, wiederhole nun den Arbeitsschritt von *-*, bis alle M gestrickt sind. Die letzte M ist die querliegende M, diese rechts str.

VERKÜRZTE REIHEN (GERMAN SHORT ROWS)

Die M einer R gemäß den Angaben im Muster plus der angegebenen Zahl an M str. Die Arbeit wenden. Den Arbeitsfaden vor die Arbeit legen und die erste M wie zum Links-Str abheben. Den Faden über die Nd hinweg nach hinten legen und fest anziehen. Optisch liegen nun zwei M-Glieder auf der Nd = Doppelmasche (DM).
Bei Erscheinen der DM wird diese einfach und dem Muster entsprechend gestrickt, indem man in beide M-Glieder sticht.

ZUNAHMEN

Zun-re: Hebe den Querfaden zwischen 2 M von hinten auf die linke Nd und stricke ihn rechts ab.
Zun-li: Hebe den Querfaden zwischen 2 M von vorne auf die linke Nd und stricke ihn rechts verschränkt ab.
Zun-re-li: Hebe den Querfaden zwischen 2 M von hinten auf die linke Nd und stricke ihn links ab.
Zun-li-li: Hebe den Querfaden zwischen 2 M von vorne auf die linke Nd und stricke ihn links verschränkt ab.

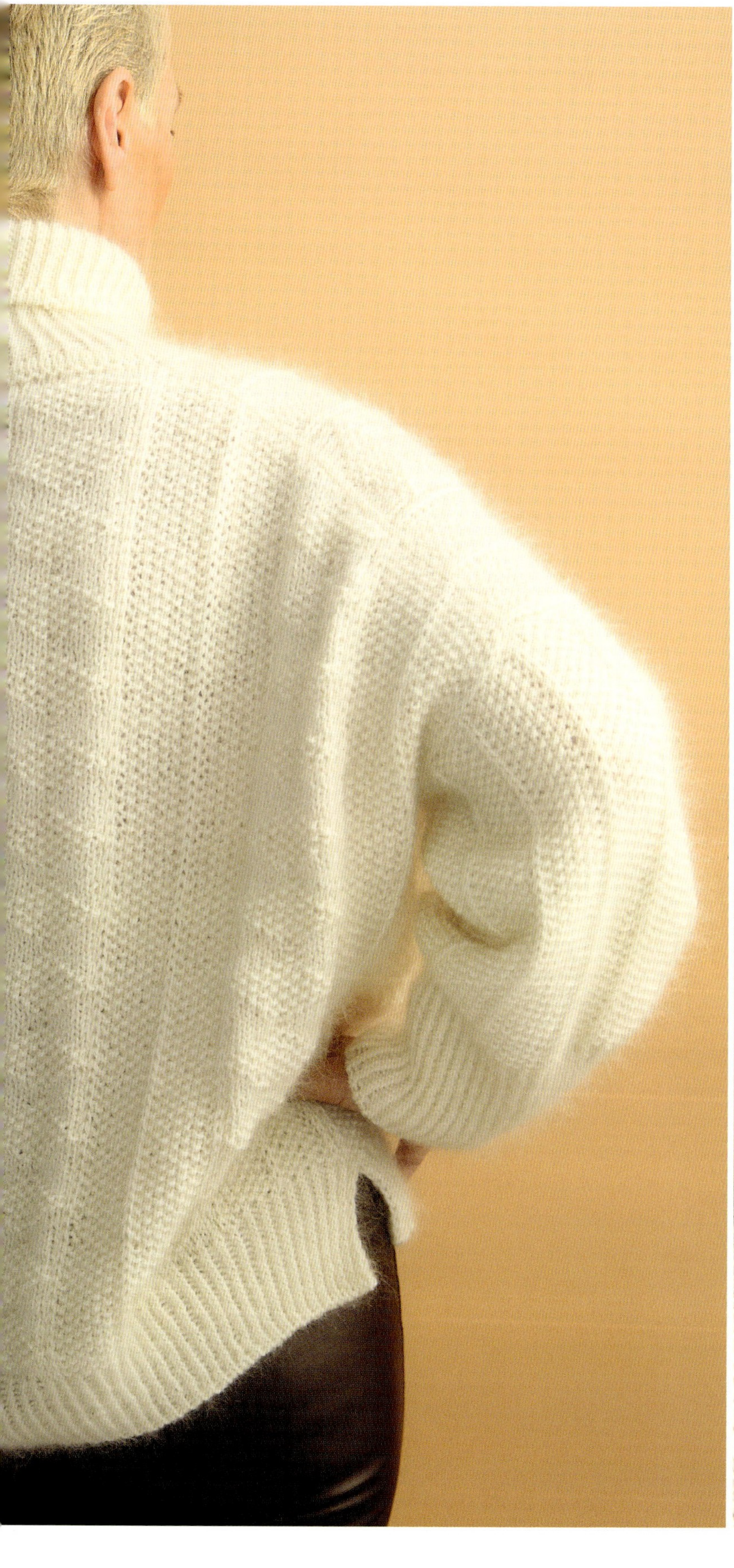

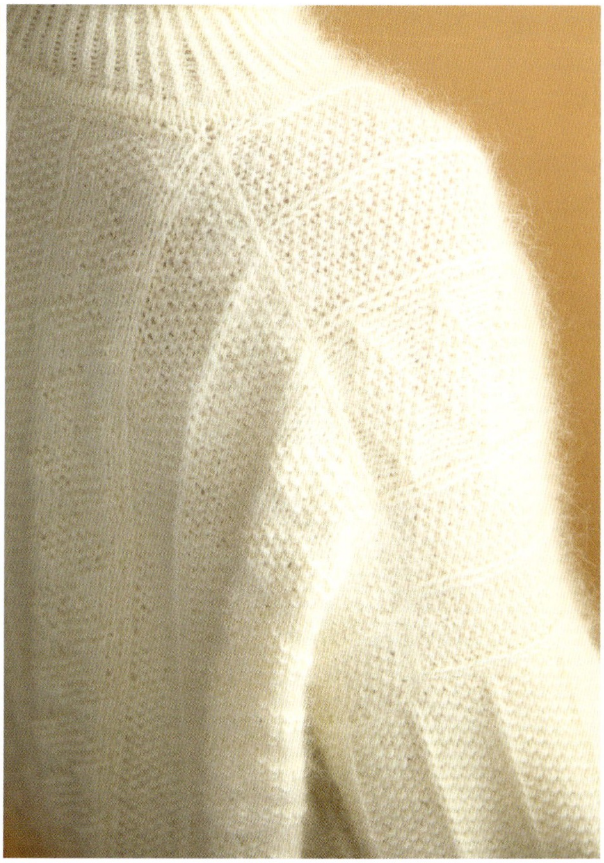

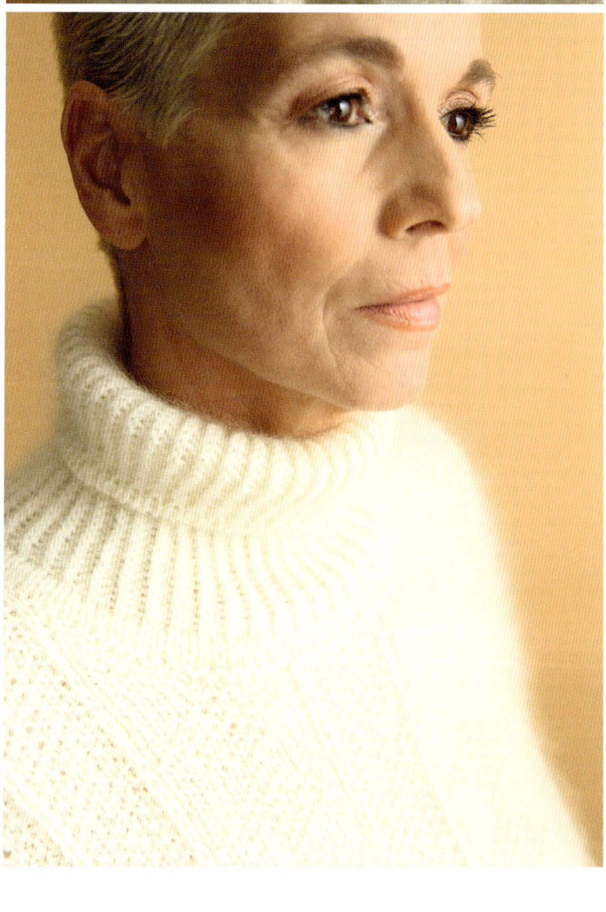

MUSTEREINTEILUNG VON VORDERTEIL UND RÜCKENTEIL

Die **fett geschriebenen M** bezeichnen den rückwärtigen Halsausschnitt, rechts und links davon werden die Zunahmen gestrickt.

Größe 1: Rdm, 15 M Perlmusterraute, 7 M Perlmuster, 1 Hebemasche, 7 M Perlmuster, **15 M Perlmusterraute, 7 M Perlmuster, 15 M Perlmusterraute,** 7 M Perlmuster, 1 Hebemasche, 7 M Perlmuster, 15 M Perlmusterraute, Rdm = 99 M.

Größe 2: Rdm, 1 Hebemasche, 7 M Perlmuster, 15 M Perlmusterraute, 7 M Perlmuster, 1 Hebemasche, 7 M Perlmuster, **15 M Perlmusterraute, 7 M Perlmuster, 15 M Perlmusterraute,** 7 M Perlmuster, 1 Hebemasche, 7 M Perlmuster, 15 M Perlmusterraute, 7 M Perlmuster, 1 Hebemasche, Rdm = 115 M.

Größe 3: Rdm, 2x (1 Hebemasche, 7 M Perlmuster), 15 M Perlmusterraute, 7 M Perlmuster, 1 Hebemasche, 7 M Perlmuster, **15 M Perlmusterraute, 7 M Perlmuster, 15 M Perlmusterraute,** 7 M Perlmuster, 1 Hebemasche, 7 M Perlmuster, 15 M Perlmusterraute, 2x (7 M Perlmuster, 1 Hebemasche), Rdm = 131 M.

Größe 4: Rdm, 1 Hebemasche, 3 M Perlmuster, 2x (1 Hebemasche, 7 M Perlmuster), 15 M Perlmusterraute, 7 M Perlmuster, 1 Hebemasche, 7 M Perlmuster, **15 M Perlmusterraute, 7 M Perlmuster, 15 M Perlmusterraute,** 7 M Perlmuster, 1 Hebemasche, 7 M Perlmuster, 15 M Perlmusterraute, 2x (7 M Perlmuster, 1 Hebemasche), 3 M Perlmuster, 1 Hebemasche, Rdm = 139 M.

Größe 5: Rdm, 3x (1 Hebemasche, 7 M Perlmuster), 15 M Perlmusterraute, 7 M Perlmuster, 1 Hebemasche, 7 M Perlmuster, **15 M Perlmusterraute, 7 M Perlmuster, 15 M Perlmusterraute,** 7 M Perlmuster, 1 Hebemasche, 7 M Perlmuster, 15 M Perlmusterraute, 3x (7 M Perlmuster, 1 Hebemasche), Rdm = 147 M.

Größe 6: Rdm, 1 Hebemasche, 3 M Perlmuster, 3x (1 Hebemasche, 7 M Perlmuster), 15 M Perlmusterraute, 7 M Perlmuster, 1 Hebemasche, 7 M Perlmuster, **15 M Perlmusterraute, 7 M Perlmuster, 15 M Perlmusterraute,** 7 M Perlmuster, 1 Hebemasche, 7 M Perlmuster, 15 M Perlmusterraute, 3x (7 M Perlmuster, 1 Hebemasche), 3 M Perlmuster, 1 Hebemasche, Rdm = 155 M.

Anleitung

Schlage mit beiden Qualitäten zusammen 99 (115) 131 (139) 147 (155) M an. Schneide den Faden ab. Forme nun mit verkürzten R die schräge Schulterlinie.

Lege 31 (39) 47 (51) 55 (59) M ohne diese zu str auf die rechte Nd.

1. R: 15 M Raute, 7 M Perlmuster, 15 M Raute, + 2 M Perlmuster, wende die Arbeit.

2. R: 1 DM, 38 M im Muster, + 2 M Perlmuster, wende die Arbeit.

Stricke die 1. und 2. R noch 13 (17) 21 (23) 25 (27)x und füge die zusätzlich gestrickten M in jeder R in die Mustereinteilung ein.

Stricke nun die 1. und 2. R noch 1x und füge jeweils die letzten 3 M dazu.

Stricke nun weitere 36 (36) 38 (40) 42 (42) R im Muster, lege anschließend die M still.

ANSTRICKEN DER VORDERTEIL-HÄLFTEN

Linke Schulter

Nimm aus der linken Schulternaht 33 (41) 49 (53) 57 (61) M auf, schneide den Faden ab.

Stricke 1 R querliegende M und dann eine Rückr:

Rückr: Stricke rechts und links eine Rdm und teile alle M exakt wie beim Rückenteil ein, im Bereich der Raute stricke nur linke M.

Stricke nun 20 R im Muster.

Für die Formung des Halsausschnittes stricke insgesamt 7x in jeder Hinr folgende Zunahmen: Rdm, 1 Zun-li-li, stricke die R mustergemäß zu Ende. Arbeite die Zunahmen als 1 Zun-li-li oder 1 Zun-re-li entsprechend dem Muster.

Lege anschließend die M still.

Rechte Schulter

Stricke gegengleich zur linken Schulter. Arbeite die Zunahmen für den Halsausschnitt als 1 Zun-li oder 1 Zun-re entsprechend dem Muster.

Stricke die M der rechten Vorderteilhälfte mustergemäß und schlage zusätzlich 19 M mit dem Schlingenanschlag an, stricke dann die M der linken

Vorderteil-Hälfte mustergemäß = 99 (115) 131 (139) 147 (155) M.
Stricke eine Rückr und füge die neu aufgenommenen M in das Muster ein.
Stricke weitere 30 (38) 48 (54) 60 (64) R im Muster.

ZUSAMMENLEGEN VON VORDER- UND RÜCKENTEIL

Lege die M des Rückenteils wieder auf die Strick-Nd. Stricke alle M des Vorderteils bis zu letzten M, stricke diese mit der 1. M des Rückenteils rechts überzogen zusammen, stricke alle M des Rückenteils bis zur letzten M, stricke die letzte M mit der 1. M des Vorderteils rechts überzogen zusammen und setze einen MM für den Rd-Beginn. Die M direkt unter der Achsel (= die eben zusammengestrickte M) wird im Perlmuster gestrickt.
Stricke nun im Muster weiter, bis du eine Gesamtlänge von 53 cm erreicht hast, gemessen ab Anschlag im Rückenteil. Eine Perlmuster-Raute sollte komplett gestrickt sein.
Teile nun die Arbeit wieder in Vorderteil und Rückenteil.
Stricke hierfür alle M des Vorderteils bis zu den letzten 4 M, hebe die nächste M ab mit dem Faden vor der Arbeit, lege die nächsten 3 M, die zwischen Vorderteil und Rückenteil liegen, sowie alle M des Rückenteils und die nächsten 3 M, die zwischen Vorderteil und Rückenteil liegen, still.
Stricke eine Rückr im verschränkten 1/1 Rippenmuster:
Rückr: Kett-Rdm, *1 M links verschränkt, 1 M rechts verschränkt*, von *-* wdh, ende mit 1 M links verschränkt, Kett-Rdm.
Stricke nun insgesamt 6,5 cm in diesem Muster.
Der Bund wird italienisch abgekettet, stricke zuvor zwei Vorbereitungs-R:
1. R: Rdm rechts, *1 M rechts verschränkt, 1 M links verschränkt abheben mit Faden vor der Arbeit*, von *-* wdh, ende mit 1 M rechts verschr, Rdm rechts.
2. R: Rdm links, *1 M links verschränkt abheben mit dem Faden vor der Arbeit, 1 M rechts verschränkt*, von *-* wdh, ende mit 1 M links verschränkt abheben mit dem Faden vor der Arbeit, Rdm links.
Kette nun alle M italienisch ab.
Lege die stillgelegten M wieder auf die Strick-Nd. Nimm nun je 2 zusätzliche M aus dem Vorderteil auf: stich hierzu in die vorletzte M der ersten R des Saumbundes, stricke 1 M rechts, wiederhole dies in der letzten M und stricke 1 M rechts verschränkt. Stricke nun alle M im verschränkten 1/1 Rippenmuster, nimm aus der 1. und 2. M des Vorderteils gegengleich wie zuvor beschrieben 2 M auf. Stricke das Bündchen wie bei dem Vorderteil beschrieben zu Ende.

ÄRMEL

Nimm aus den Rdm der Armlochöffnung 58 (66) 74 (82) 90 (98) M auf, beginne hier an der Achselmitte, schließe die Arbeit zur Rd, setze für den Rd-Beginn einen MM und stricke wie folgt:
1 M Perlmuster, 1 Hebemasche, 7 (8) 9 (10) 11 (12) x (7 M Perlmuster, 1 Hebemasche).
Stricke 26 cm in diesem Muster.
Arbeite nun noch 14 cm im verschränkten 1/1 Rippenmuster:
13 (15) 17 (19) 21 (23)x (1 M rechts verschränkt, 1 M links verschränkt) setze einen MM, 2x (1 M rechts verschränkt, 1 M links verschränkt), 1 M rechts verschränkt, setze einen MM, 13 (15) 17 (19) 21 (23)x (1 M links verschränkt, 1 M rechts verschränkt), 1 M links verschränkt.
Nimm insgesamt 8x je 1 M in jeder 4. Rd rechts und links der markierten 5 Mittel-M ab:
Stricke alle M der Rd bis 1 M vor dem MM, stricke die erste der 5 Mittel-M mit der M davor rechts zusammen, stricke die nächsten 3 M mustergemäß, stricke die letzte der 5 Mittel-M mit der nächsten M rechts überzogen zusammen, arbeite die Rd zu Ende.
Stricke nach 13,5 cm 2 Vorbereitungs-Rd für das italienische Abketten, versetze dabei den MM für den Rd-Beginn um 1 M nach links.
1. Rd: *1 M links verschränkt abheben mit dem Faden vor der Arbeit, 1 M rechts verschränkt*, von *-* wdh bis zum Ende der Rd.
2. Rd: *1 M links verschränkt str, 1 M rechts verschränkt abheben mit dem Faden hinter der Arbeit*, von *-* wdh bis zum Ende der Rd.
Kette nun alle M italienisch ab.

KRAGEN

Nimm aus dem Halsausschnitt 95 M auf, starte hier an der rechten Schulterlinie und setze einen MM für den Rd-Beginn.

1. Rd: 95 M links.
2. Rd: *1 M rechts, 1 U*, von *-* fortlaufend wdh.
3. Rd: *1 M rechts abheben mit dem Faden hinter der Arbeit, 1 U links verschränkt str*, von *-* fortlaufend wdh.
4. Rd: * 1 M rechts, 1 M links abheben mit dem Faden vor der Arbeit*, von *-* fortlaufend wdh.
5. Rd: Stricke wie in der 3. Rd.
6. Rd: Stricke wie in der 4. Rd.
7. Rd: Stricke jeweils die rechte M mit der linken M rechts überzogen zusammen.
Stricke nun noch 18 cm im verschränkten 1/1 Rippenmuster und kette anschließend italienisch ab. Siehe hierzu die Angaben beim Ärmel.

FERTIGSTELLUNG

Vernähe alle Fäden sorgfältig. Falls erforderlich, wasche den Sweater gemäß den Angaben des Garnherstellers, ziehe ihn in Form und lass ihn liegend trocknen.

Profi-Tipp

„WIE BEWAHRE ICH MEINEN PULLOVER IN MEINEM SCHRANK AUF?" Hänge deine Strickstücke niemals auf Kleiderbügel. Sie leiern aus und kommen vollkommen aus der Form. Lege sie lieber platzsparend zusammen oder rolle sie auf, damit du immer einen toll sitzenden Pullover hast.

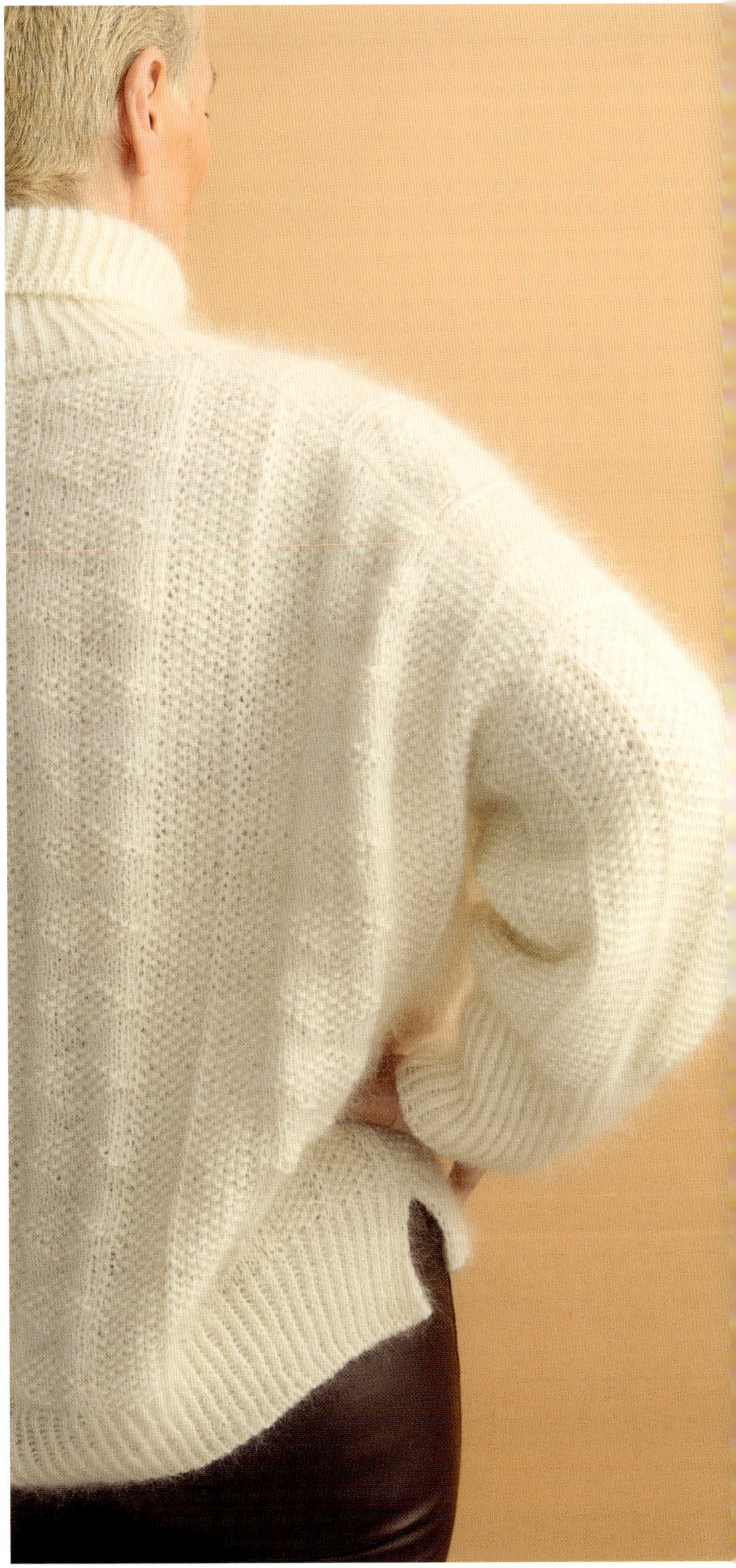

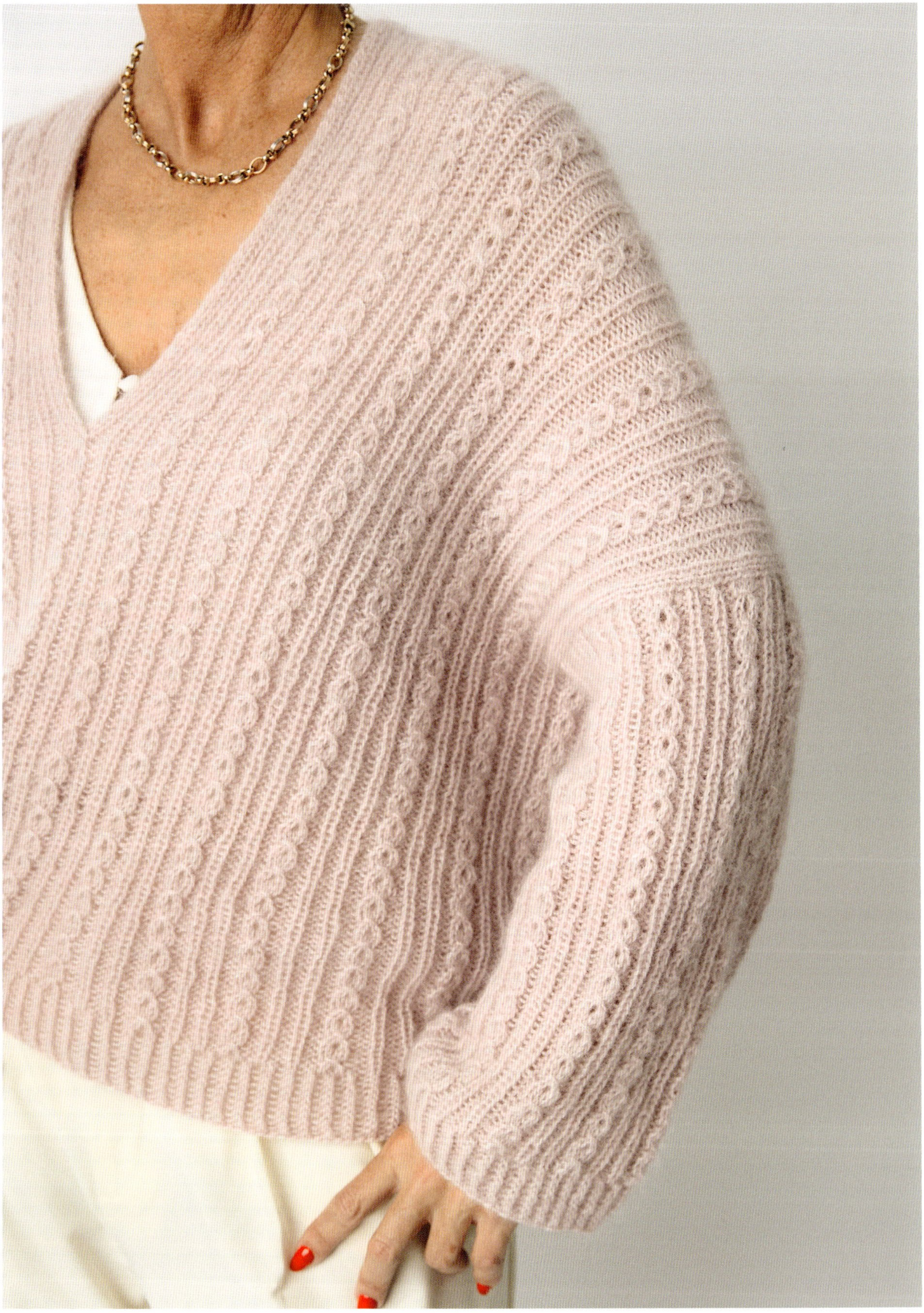

Dotty

Dotty wird von oben nach unten gearbeitet. Du startest in einer Spitze am Rückenteil und formst durch seitliche Zunahme die obere Rückenpartie. Anschließend strickst du beide Vorderteilhälften an und schließt den V-Neck. Sobald du die erforderliche Höhe der Armlochöffnungen erreicht hast, schließt du die Arbeit zur Runde und strickst den Körper zu Ende. Im Anschluss werden die Ärmel angestrickt.

2 SCHWIERIGKEITSGRAD

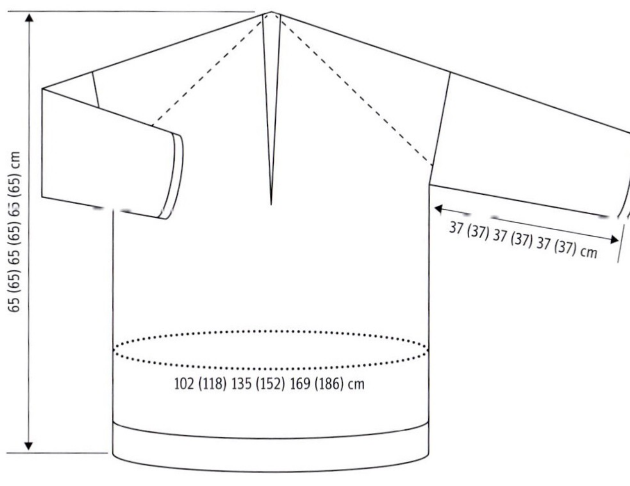

Größen

Dotty wird im Oversized Look getragen und sollte daher eine positive ease (= Mehrweite) von mindestens 15 -20 cm haben.

	GRÖSSE 1	GRÖSSE 2	GRÖSSE 3	GRÖSSE 4	GRÖSSE 5	GRÖSSE 6
GESTRICKTE OBERWEITE	102 cm	118 cm	135 cm	152 cm	169 cm	186 cm
GESAMTLÄNGE AB KRAGEN	65 cm	65 cm	65 cm	65 cm	65 cm	65 cm
UNTERARMLÄNGE	37 cm	37 cm	37 cm	37 cm	37 cm	37 cm

Alle Werte sind ca.- Angaben. Diese können durch die Wahl des Garns und die Strickeigenschaften abweichen. Die Länge des Körpers und der Ärmel kann individuell angepasst werden.

Material

LANGYARNS Cashmere Lace (100% Kaschmir, LL 165 m/25 g)
in Rosa (Fb 9), 175 (200) 225 (250) 275 (300) g

LANGYARNS Mohair Luxe (77% Mohair, 23% Seide, LL 175 m/25 g)
in Rosa (Fb 309) 200 (225) 250 (275) 300 (325) g

Beide Qualitäten werden zusammen verstrickt.

Rundstricknadeln 4,0 mm, 60, 80 und 100 cm lang

Separate Seile oder extra Fäden zum Stilllegen von Maschen

Maschenmarkierer

Maschenprobe

Im Grundmuster mit Nd 4,0 mm 26 M und 27 R = 10 cm x 10 cm

Muster

GRUNDMUSTER MIT EINEM MINIZOPF ÜBER 3 M

1 Mustersatz = 11 M und 4 R/Rd.

-	■	-	-	■	■	■	-	-	■	-	
-	■	-	-	~	~	~	-	-	■	-	3
-	■	-	-	■	■	■	-	-	■	-	
-	■	-	-	■	■	■	-	-	■	-	1

Zeichenerklärung

■ = In Hinreihen und ungeraden Runden 1 Masche rechts, in Rückreihen 1 Masche links, in geraden Runden 1 Masche rechts

- = In Hinreihen und ungeraden Runden 1 Masche links, in Rückreihen 1 Masche rechts, in geraden Runden 1 Masche links

~~~ = 3 Maschen nacheinander auf die rechte Nadel heben, die 1. Masche über die 2 anderen Maschen und von der Nadel ziehen, diese 2 M zurück auf die linke Nadel heben und wie folgt str: 1 Masche rechts, 1 Umschlag, 1 Masche rechts

VERSCHRÄNKTES 1/1 RIPPENMUSTER

In Rd: 1 M rechts verschränkt, 1 M links verschränkt im Wechsel str.

ZUNAHMEN

Zun-re: Hebe den Querfaden zwischen 2 M von hinten auf die linke Nd und stricke ihn rechts ab.
Zun-li: Hebe den Querfaden zwischen 2 M von vorne auf die linke Nd und stricke ihn rechts verschränkt ab.
Zun-re-li: Hebe den Querfaden zwischen 2 M von hinten auf die linke Nd und stricke ihn links ab.
Zun-li-li: Hebe den Querfaden zwischen 2 M von vorne auf die linke Nd und stricke ihn links verschränkt ab.

Anleitung

Schlage mit beiden Qualitäten zusammen 9 M an.
Stricke 1 Rückr linke M.
Arbeite nun die Zunahmen für die schrägen Schulterlinien:
1. R: 3 M rechts, 1 Zun-li-li, 1x die 5.-7. M des Mustersatzes, 1 Zun-re-li, 3 M rechts.
2. R: 3 M links, 1 Zun-re, 1x die 4.-8. M des Mustersatzes, 1 Zun-li, 3 M links.
Stricke nun die 1. und 2. R noch 29 (34) 40 (45) 51 (56)x, stricke dann nur für Größe 2, 4 und 6 die 1. R noch 1x und füge die zugenommenen M in jeder R in das Grundmuster mit Minizopf ein = insgesamt 60 (71) 82 (93) 104 (115) Zunahmen pro Seite = 129 (151) 173 (195) 217 (239) M.
Arbeite nun noch 16 (17) 16 (17) 16 (17) R im Muster und lege anschließend alle M still.

ANSTRICKEN DER VORDERTEILHÄLFTEN

Linke Schulter

Nimm aus den Rdm der linken Schulter 66 (77) 88 (99) 110 (121) M auf: beginne bei dem mittleren Minizopf des Rückenteils und nimm hier 3 M auf, die restlichen aus der verbleibenden Schulternaht.
Stricke eine Rückr:
3 M links, stricke die nächsten 60 (71) 82 (93) 104 (115) M exakt im gleichen Muster wie beim Rückenteil, 1 M links, 1 M rechts, 1 M links.
Beginne hier mit dem Mustersatz und stricke insgesamt 64 (76) 86 (98) 98 (98) R.
Lege die M still.

Rechte Schulter

Stricke die rechte Schulter gegengleich, lies hierzu die R-Angaben von hinten.
In der 65. (77.) 87. (99.) 99. (99.) R wird der V-Neck geschlossen:
Stricke alle M der rechten Vorderteil-Hälfte bis zu den letzten 3 M mustergemäß, stricke die letzten 3 M mit den ersten 3 M der linken Vorderteil-Hälfte rechts zusammen. Lege dafür die ersten 3 M der linken Vorderteil-Hälfte auf eine Hilfsnadel und lege
~~~

diese hinter deine Strick-Nd. Stricke nun die nächste M mit der ersten M der Hilfs-Nd rechts überzogen zusammen, wdh diesen Schritt noch 2x, stricke anschließend alle M der linken Vorderteil-Hälfte im Muster weiter.
Füge die 3 mittleren M in das Muster ein und stricke weitere 11 (11) 11 (11) 21 (33) R.

ZUSAMMENLEGEN VON VORDERTEIL UND RÜCKENTEIL

Stricke alle M des Vorderteils bis zu den 3 letzten M, füge diese 3 M in das Muster ein = 1 M rechts, 2 M links, schlage 3 Achsel-M neu an, stricke die ersten 3 M des Rückenteil im Muster = 2 M links, 1 M rechts, stricke alle M des Rückenteils bis zu den letzten 3 M, füge diese in das Muster ein = 1 M rechts, 2 M links, schlage 3 Achsel-M neu an, setze einen MM für den Rd-Beginn, stricke die ersten 3 M des Vorderteils im Muster = 2 M links, 1 M rechts = 264 (308) 352 (396) 440 (484) M.
Stricke nun in Rd weiter und füge die 3 Achsel-M jeweils in das Muster ein (= 3 M Minizopf).
Bei einer Gesamthöhe ab Anschlag von 60 cm stricke 1 Rd rechte M und nimm gleichmäßig verteilt 32 M ab = 232 (276) 320 (364) 408 (452) M.
Stricke nun noch 5 cm im verschränkten 1/1 Rippenmuster und kette anschließend alle M im Muster ab.

ÄRMEL

Nimm aus den Rdm der Armlochöffnung 77 (88) 99 (110) 121 (132) M auf, beginne hier an der mittleren Achsel-M des Körpers. Setze einen MM für den Rd-Beginn und schließe die Arbeit zur Rd.
Stricke nun 7 (8) 9 (10) 11 (12)x den Mustersatz des Grundmusters und stricke den Ärmel im Grundmuster weiter, bis er eine Länge ab Achsel von ca. 34 cm hat.
Stricke eine Rd rechte M und nimm gleichmäßig verteilt 15 (16) 15 (14) 15 (16) M ab = 62 (72) 84 (96) 106 (116) M.
Arbeite nun noch 3 cm im verschränkten 1/1 Rippenmuster und kette anschließend alle M im Muster ab.

FERTIGSTELLUNG

Vernähe alle Fäden sorgfältig. Falls erforderlich, wasche den Sweater gemäß den Angaben des Garnherstellers, ziehe ihn in Form und lass ihn liegend trocknen.

Profi-Tipp

„DER V-NECK IST MIR ZU TIEF.“
Sollte dir der V-Neck zu tief ausgeschnitten sein und du möchtest diesen lieber etwas kleiner haben? Kein Problem! Probiere deinen Pullover regelmäßig an und entscheide selbst, wie lang dein V-Neck sein soll. Arbeite einfach an dieser Stelle den Arbeitsschritt, in dem erklärt wird, wie die zwei Vorderteil-Hälften miteinander verbunden werden und folge danach wieder der Anleitung.

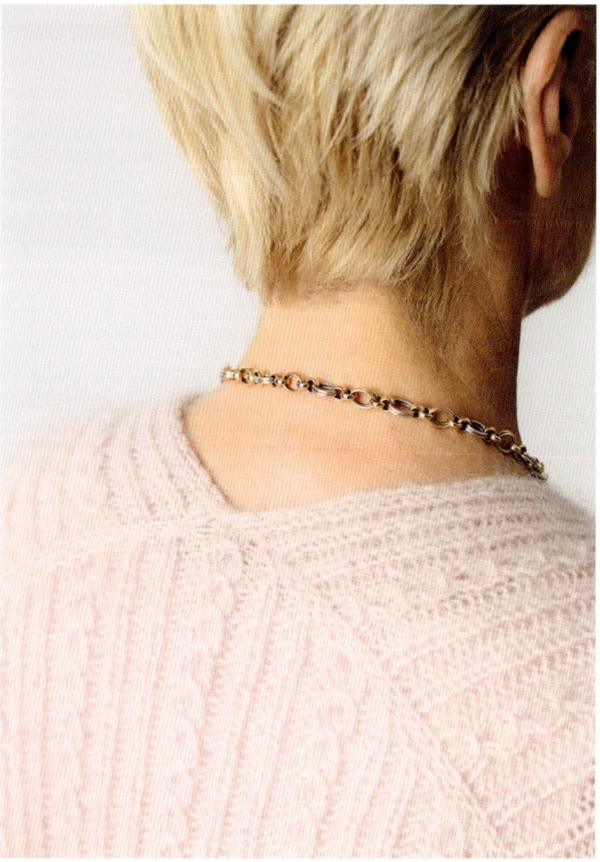

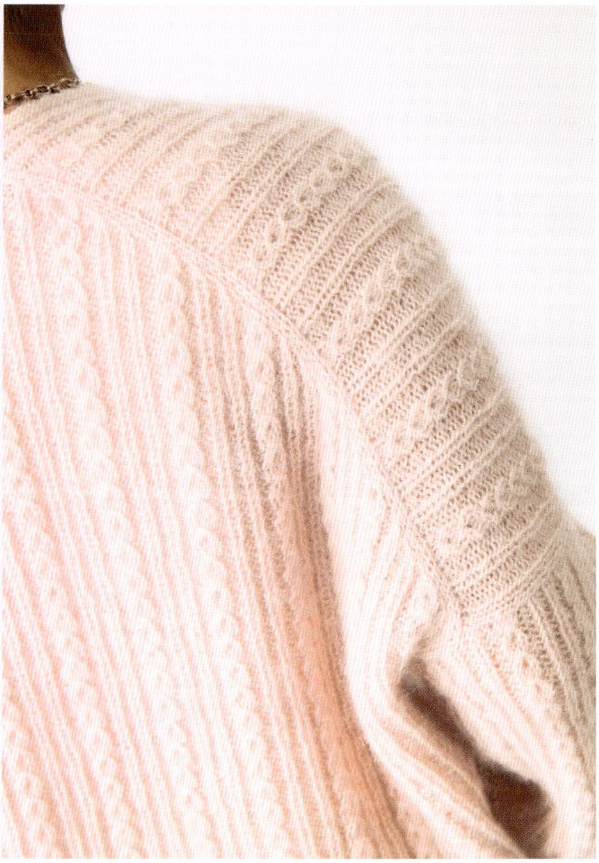

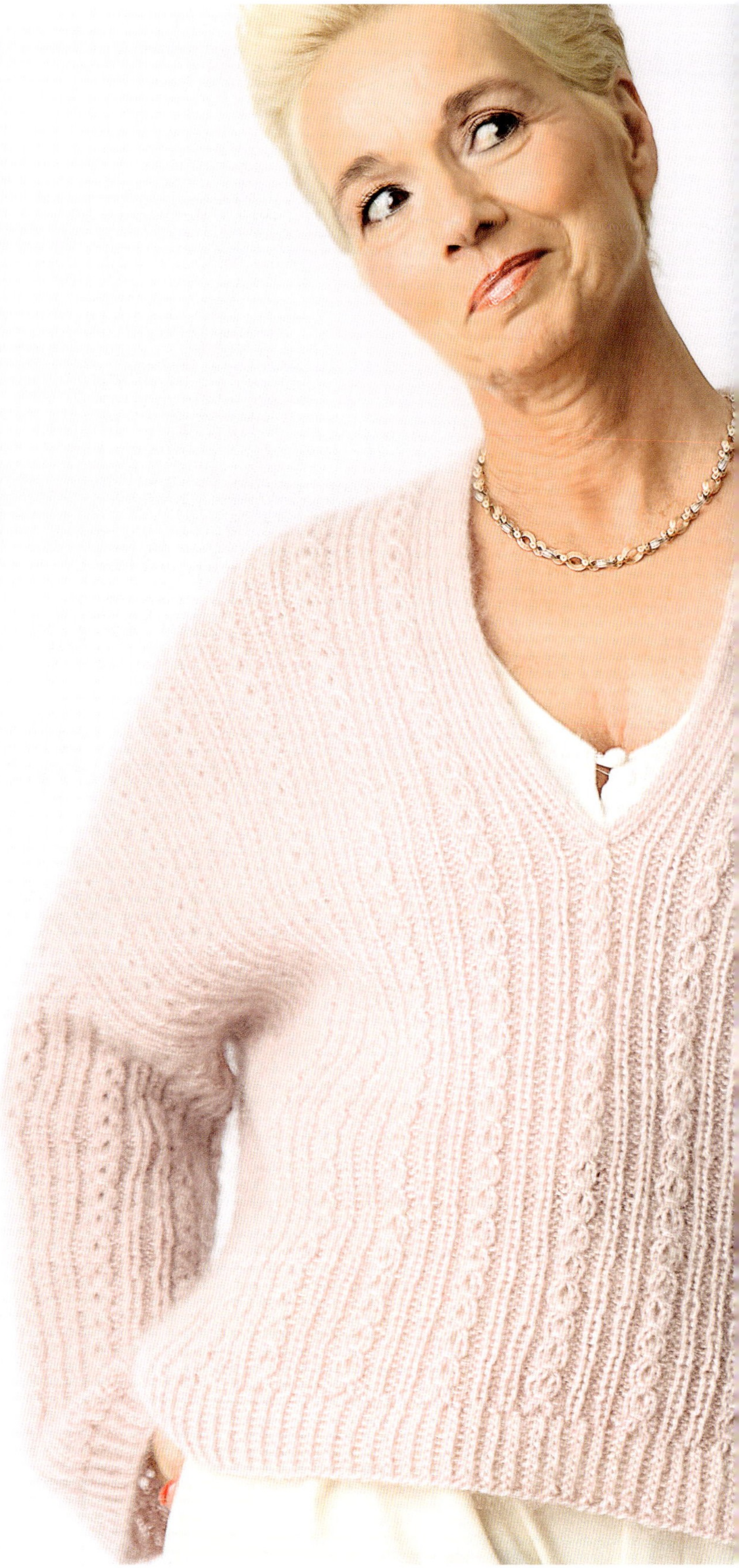

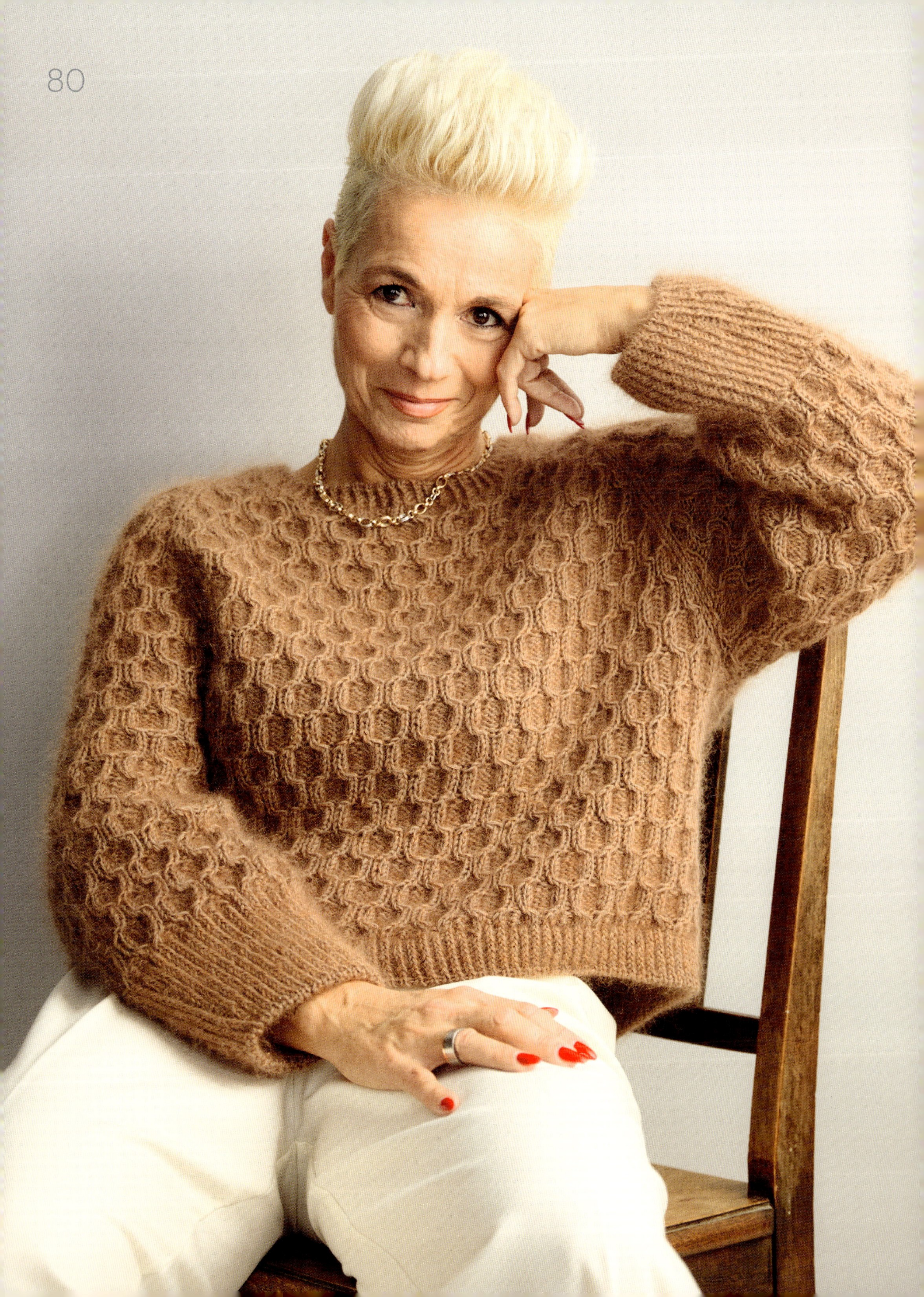

Yoko

Yoko wird von oben nach unten mit einem Raglan gestrickt. Ein hoher Raglan sorgt hier für einen locker legeren Sitz und nachdem du die Höhe für deine Größe erreicht hast, werden die Ärmel von dem Körper getrennt und separat zu Ende gestrickt. Sowohl Körper als auch Ärmel werden mit einem verschränkten Rippenmuster beendet und italienisch abgekettet. Zusätzlich werden an den Ärmelbündchen Abnahmen gestrickt, die einen besonderen Eyecatcher bilden.

3 SCHWIERIGKEITSGRAD

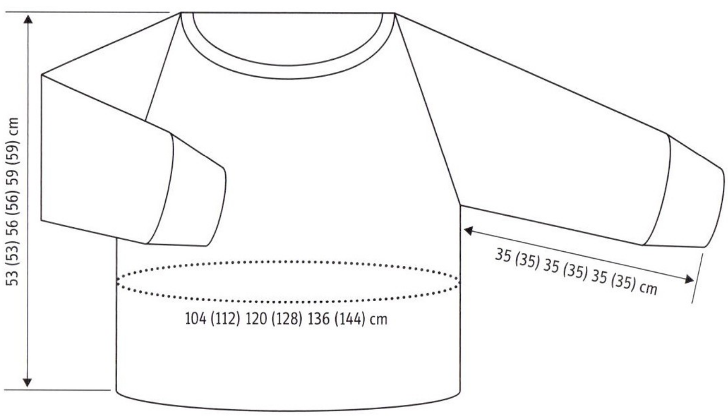

Größen

	GRÖSSE 1	GRÖSSE 2	GRÖSSE 3	GRÖSSE 4	GRÖSSE 5	GRÖSSE 6
GESTRICKTE OBERWEITE	104 cm	112 cm	120 cm	128 cm	136 cm	144 cm
GESAMTLÄNGE	53 cm	53 cm	56 cm	56 cm	59 cm	59 cm
UNTERARMLÄNGE	35 cm	35 cm	35 cm	35 cm	35 cm	35 cm

Alle Werte sind ca.- Angaben. Diese können durch die Wahl des Garns und die Strickeigenschaften abweichen. Die Länge des Körpers und der Ärmel kann individuell angepasst werden.

Material

LANGYARNS Merino 150 (100% Schurwolle, LL 150 m/50 g) in Camel (Fb 196), 400 (450) 500 (550) 600 (650) g

LANGYARNS Mohair Luxe (77% Mohair, 23% Seide, LL 175 m/25 g) in Camel (Fb 187), 175 (200) 225 (250) 275 (300) g

Beide Qualitäten werden zusammen verstrickt.

Rundstricknadeln 4,5 mm, 60, 80 und 100 cm lang

Evtl. Nadelspiel 4,5 mm

Hilfsnadel

Separate Seile oder extra Fäden zum Stilllegen von Maschen

Maschenmarkierer

Maschenprobe

Im Grundmuster mit Nd 4,5 mm 25 M und 28 R = 10 cm x 10 cm

Muster

GRUNDMUSTER

1 Mustersatz = 10 M und 12 R/Rd.
Den Mustersatz fortlaufend wdh.

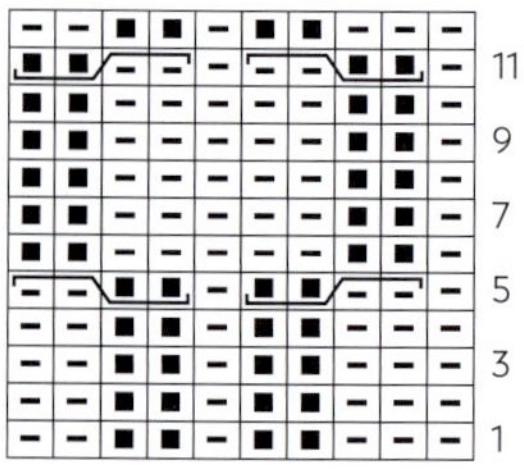

Zeichenerklärung

■ = In Hinreihen und ungeraden Runden 1 Masche rechts, in Rückreihen 1 Masche links, in geraden Runden 1 Masche rechts

− = In Hinreihen und ungeraden Runden 1 Masche links, in Rückreihen 1 Masche rechts, in geraden Runden 1 Masche links

−−\■■ = 2 Maschen auf einer Zopfnadel vor die Arbeit legen, 2 Maschen links, dann die 2. Masche der Zopfnadel hinter der 1. Masche rechts stricken, danach die 1. Masche der Zopfnadel rechts stricken

■■/−− = 2 Maschen auf einer Zopfnadel hinter die Arbeit legen, die folgende 2. Masche vor der 1. Masche rechts stricken, dann die 1. Masche rechts stricken, danach die 2 Maschen der Zopfnadel links stricken

VERSCHRÄNKTES 1/1 RIPPENMUSTER

In Rd: 1 M rechts verschränkt, 1 M links verschränkt im Wechsel str.

RAGLANMASCHEN (RAGLAN-M)

In R: In Hinr rechte M, in Rückr linke M str.
In Rd: In jeder Rd rechte M str.

RAGLANZUNAHMEN (RGZ) RECHTS UND LINKS DER RAGLANMASCHE

RgZ rechts: Stricke jeweils bis zur markierten Raglan-M. Stich mit der rechten Nd von hinten in das rechte M-Glied der M unterhalb der Raglan-M und stricke es rechts verschränkt ab. Stricke nun die Raglan-M rechts.
RgZ links: Stich mit der linken Nd von hinten in das M-Glied unterhalb der Raglan-M, und stricke es rechts verschränkt ab.

Bis zum Schließen des Hals-Ausschnittes strickst du die Raglan-M in der Rückr links.

RANDMASCHE

Hinr: Die 1. und letzte M jeweils rechts str.
Rückr: Die 1. und letzte M jeweils links str.

ZUNAHMEN

Zun-re: Hebe den Querfaden zwischen 2 M von hinten auf die linke Nd und stricke ihn rechts ab.
Zun-li: Hebe den Querfaden zwischen 2 M von vorne auf die linke Nd und stricke ihn rechts verschränkt ab.
Zun-re-li: Hebe den Querfaden zwischen 2 M von hinten auf die linke Nd und stricke ihn links ab.
Zun-li-li: Hebe den Querfaden zwischen 2 M von vorne auf die linke Nd und stricke ihn links verschränkt ab.

Anleitung

Schlage mit beiden Qualtäten zusammen 85 M an und stricke eine Rückr:
Rdm, 1 M links (für die rechte Vorderteil-Hälfte), MM setzen, 2 Raglan-M links, MM setzen,
3 M rechts, 2 M links, 1 M rechts, 2 M links, 3 M rechts (für den rechten Ärmel), MM setzen, 2 Raglan-M links, MM setzen,
5x (3 M rechts, 2 M links, 1 M rechts, 2 M links, 2 M rechts), 1 M rechts (für das Rückenteil), MM setzen, 2 Raglan-M links, MM setzen,
3 M rechts, 2 M links, 1 M rechts, 2 M links, 3 M rechts (für den linken Ärmel), MM setzen, 2 Raglan-M links, MM setzen,
1 M links, Rdm (für die linke Vorderteil-Hälfte).
Stricke nun direkt im Grundmuster, siehe hierzu die Strickschrift, und arbeite die Zunahmen jeweils passend dazu. Setze die MM jeweils um.
1. R: Rdm, 1 M rechts, 1 RgZ rechts, 2 Raglan-M, 1 RgZ links, 1x den Mustersatz, 1 M links, 1 RgZ rechts, 2 Raglan-M, 1 RgZ links, 5x den Mustersatz,

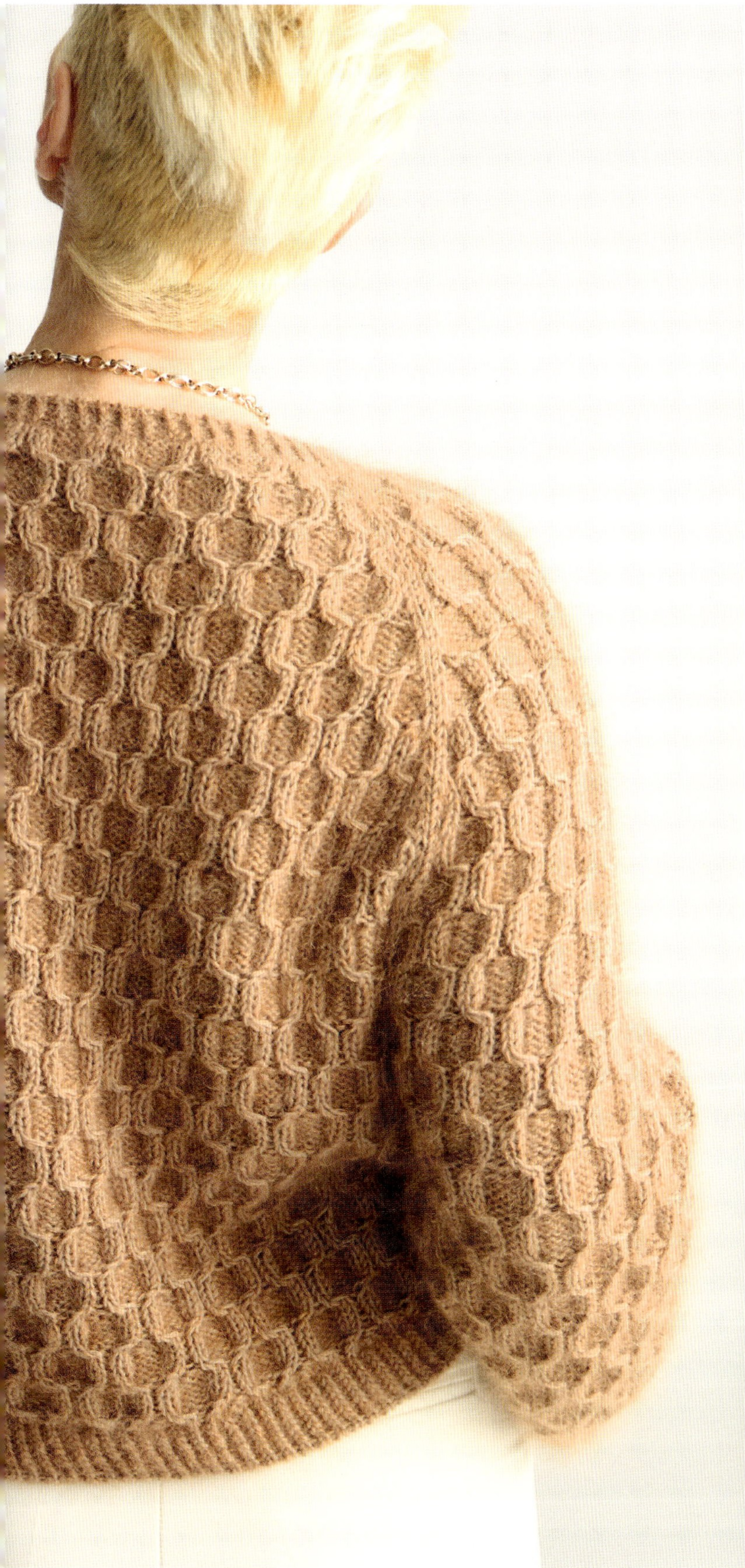

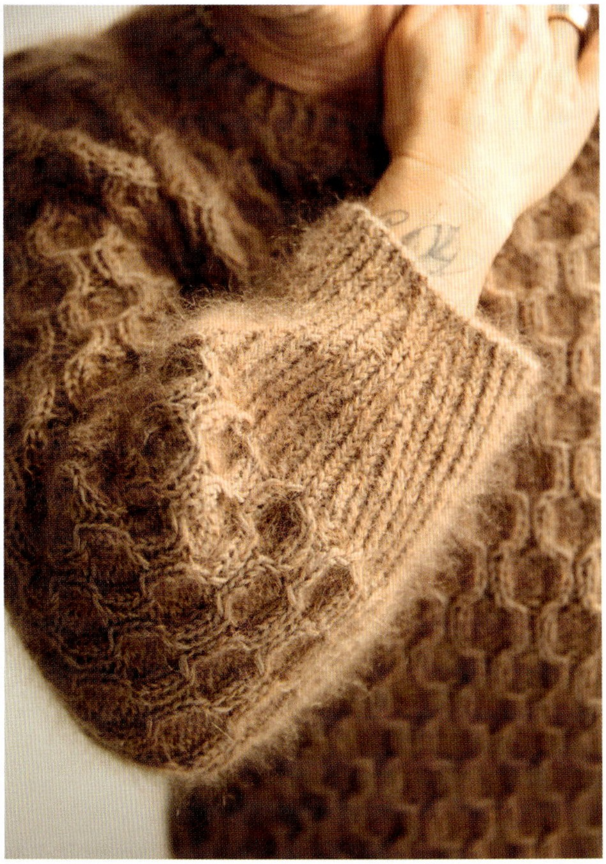

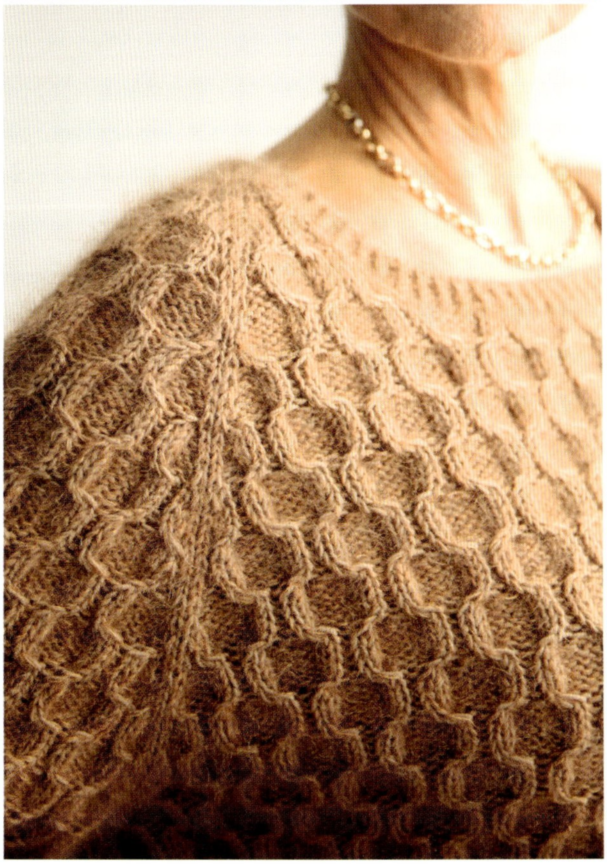

1 M links, 1 RgZ rechts, 2 Raglan-M, 1 RgZ links, 1x den Mustersatz, 1 M links, 1 RgZ rechts, 2 Raglan-M, 1 RgZ links, 1 M rechts, Rdm = 93 M.
2. R sowie alle weiteren Rückr: Stricke alle M, wie sie erscheinen.
Stricke die 1. und 2. R insgesamt 35 (40) 45 (50) 55 (60)x und füge die zugenommenen M in jeder R in das Muster ein.
Arbeite gleichzeitig zusätzlich Zunahmen an den Vorderteil-Hälften wie folgt:
Stricke in der 13., 15., 17., 19., 21., 23., 25. R direkt nach der Rdm eine Zunahme: stricke diese mustergemäß in der rechten Hälfte links geneigt (= Zun-li oder Zun-li-li), in der linken Hälfte rechts geneigt (Zun-re oder Zun-re-li).
Schlage in der 27. R am Ende der R noch zusätzliche 33 M mit dem Schlingenanschlag an.
Schneide den Faden ab, lege alle M der linken Vorderteil-Hälfte ohne diese zu str auf die rechte Nd und setze zwischen den folgenden 2 Raglan-M einen MM für den Rd-Beginn.
Stricke eine Zwischen-Rd ohne RgZ.
Arbeite nun in Runden weiter, die RgZ werden in jeder 2. Runde gestrickt.
Nachdem du alle RgZ und alle Zunahmen für den Halsausschnitt gestrickt hast, befinden sich insgesamt 412 (452) 492 (532) 572 (612) M auf der Nd.

TRENNEN VON ÄRMEL- UND KÖRPERMASCHEN

Teile in der nächsten Runde die Ärmel-M von den Körper-M:
Lege 1 Raglan-M, 81 (91) 101 (111) 121 (131) Ärmel-M und 1 Raglan-M still, schlag 7 Achsel-M neu an, setze in der Mitte einen MM für den Rd-Beginn, stricke 1 Raglan-M und 121 (131) 141 (151) 161 (171) M für das Rückenteil sowie die nächste Raglan-M im Muster, lege 1 Raglan-M, 81 (91) 101 (111) 121 (131) Ärmel-M und 1 Raglan-M still, schlag 7 Achsel-M neu an, stricke 1 Raglan-M und 121 (131) 141 (151) 161 (171) M für das Vorderteil sowie die nächste Raglan-M im Muster, schließe die Arbeit zur Rd und füge die Achsel-M in das Muster ein = 260 (280) 300 (320) 340 (360) M.

Stricke mustergemäß weiter, bis du eine Gesamthöhe von 50 (50) 53 (53) 56 (56) cm erreicht hast.
Stricke noch 1 Rd rechte M und nimm gleichmäßig verteilt 30 M ab = 230 (250) 270 (290) 310 (330) M.
Arbeite 2,5 cm im verschränkten 1/1 Rippenmuster und kette das Bündchen italienisch ab, stricke hierzu 2 Vorbereitungs-Rd, versetze dabei den MM für den Rd-Beginn um 1 M nach links.
1. Rd: *1 M links verschränkt abheben mit dem Faden vor der Arbeit, 1 M rechts verschränkt str*, von *-* wdh bis zum Ende der Rd.
2. Rd: *1 M links verschränkt str, 1 M rechts verschränkt abheben mit dem Faden hinter der Arbeit*, von *-* wdh bis zum Ende der Rd.
Kette nun alle M italienisch ab.

ÄRMEL

Lege die 83 (93) 103 (113) 123 (133) Ärmel-M wieder auf eine Strick-Nd, nimm aus der Achselkante des Körpers 7 Achsel-M auf und schließe die Arbeit zur Rd. Setze dir nach einem kompletten Mustersatz einen MM für den Rd-Beginn = 90 (100) 110 (120) 130 (140) M.
Stricke nun ca. 25 cm im Muster, arbeite anschließend 1 Rd rechte M und nimm gleichmäßig verteilt 20 M ab = 70 (80) 90 (100) 110 (120) M.
Stricke insgesamt 10 cm im verschränkten 1/1 Rippenmuster:
16 (19) 21 (24) 26 (29) x (1 M rechts verschränkt, 1 M links verschränkt), MM setzen 2x (1 M rechts verschränkt, 1 M links verschränkt), 1 M rechts verschränkt, MM setzen, 16 (18) 21 (23) 26 (28) x (1 M links verschränkt, 1 M rechts verschränkt), 1 M links verschränkt.
Nimm dabei insgesamt 6x je 1 M in jeder 4. Rd rechts und links der markierten 5 Mittel-M ab:
Stricke alle M der Rd bis 1 M vor dem MM, stricke die erste der 5 Mittel-M mit der M davor rechts zusammen, stricke die nächsten 3 M mustergemäß, stricke die letzte der 5 Mittel-M mit der nächsten M rechts überzogen zusammen, arbeite die Rd zu Ende.
Stricke nach 9,5 cm 2 Vorbereitungs-Rd für das italienische Abketten, versetze dabei den MM für den Rd-Beginn um 1 M nach links.

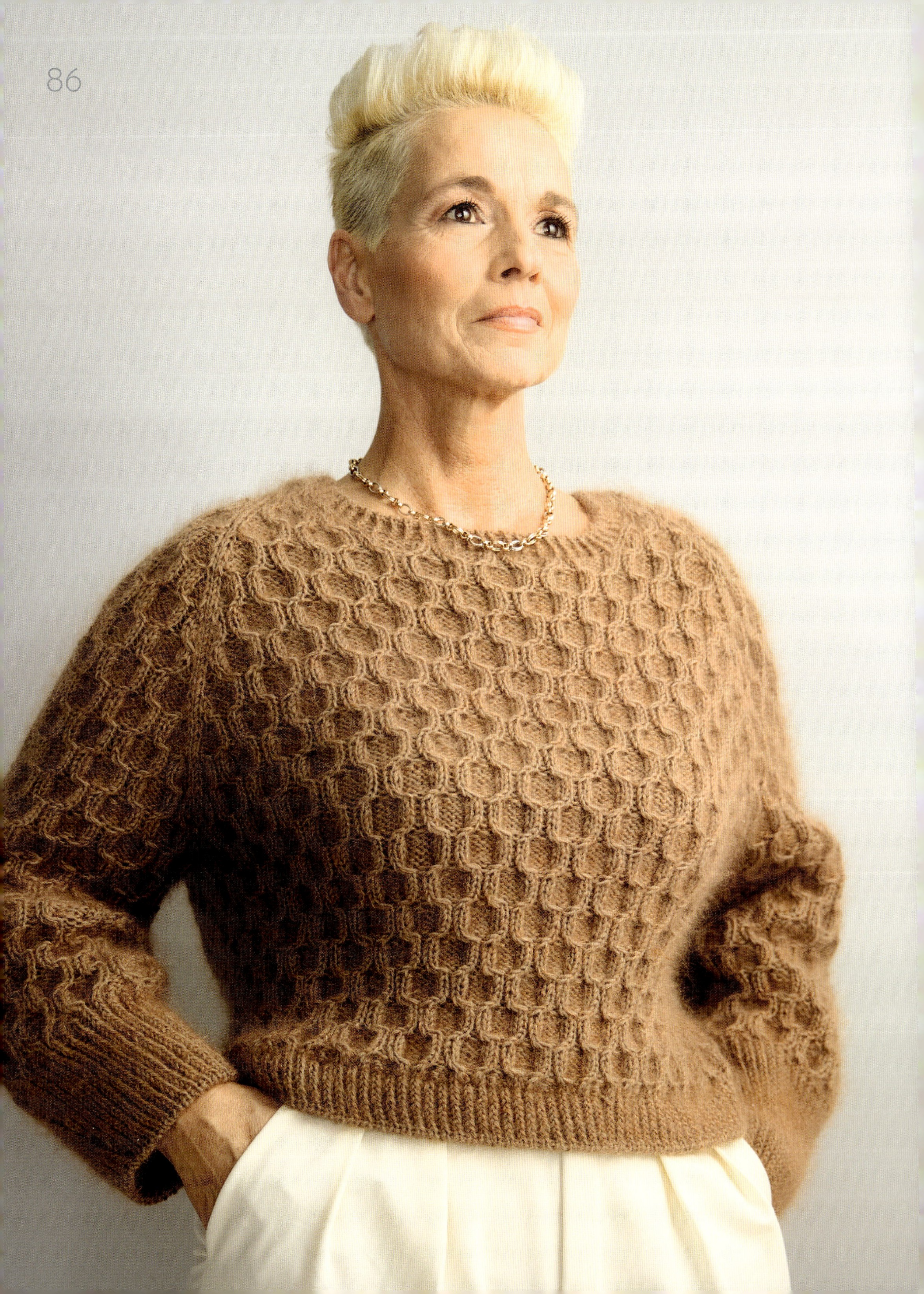

1. Rd: *1 M links verschränkt abheben mit dem Faden vor der Arbeit, 1 M rechts verschränkt str*, von *-* wdh bis zum Ende der Rd.
2. Rd: *1 M links verschränkt str, 1 M rechts verschränkt abheben mit dem Faden hinter der Arbeit*, von *-* wdh bis zum Ende der Rd.
Kette nun alle M italienisch ab.

KRAGEN

Nimm 130 M aus der Halsöffnung auf. Beginne hier an der rechten Raglannaht im Rückenteil. Stricke 5 Rd im verschränkten 1/1 Rippenmuster. Stricke noch 2 Vorbereitungs-Rd für das italienische Abketten, versetze dabei den MM für den Rd-Beginn um 1 M nach links.
1. Rd: *1 M links verschränkt abheben mit dem Faden vor der Arbeit, 1 M rechts verschränkt str*, von *-* wdh bis zum Ende der Rd.
2. Rd: *1 M links verschränkt str, 1 M rechts verschränkt abheben mit dem Faden hinter der Arbeit*, von *-* wdh bis zum Ende der Rd.
Kette nun alle M italienisch ab.

FERTIGSTELLUNG

Vernähe alle Fäden sorgfältig. Falls erforderlich, wasche den Sweater gemäß den Angaben des Garnherstellers, ziehe ihn in Form und lass ihn liegend trocknen.

Profi-Tipp

„ICH MÖCHTE DEN PULLOVER PERFEKT AUF MEINE GRÖSSE ANPASSEN.“ Raglanpullover haben immer einen perfekten Sitz. Du kannst deinen Pullover während deines Strickprozesses immer anprobieren und so für dich die perfekte Arm- und Körperlänge stricken – unabhängig von den Maßen, die in der Anleitung angegeben sind. Ob kürzer oder länger – vollkommen egal. Stricke einfach im Anschluss die Arbeitsschritte nach Erreichen der Gesamthöhe.

Marlie

Marlie wird von oben nach unten mit einem Raglan gestrickt.
Ein legerer Raglan sorgt hier für einen lockeren Sitz. Sobald der Raglan beendet ist, werden die Ärmel von dem Körper getrennt und separat zu Ende gestrickt.
Ein Saumbündchen mit einem verschränkten Rippenmuster macht den Abschluss.
Ein Turtleneck-Kragen rundet die perfekte Passform ab.

3 SCHWIERIGKEITSGRAD

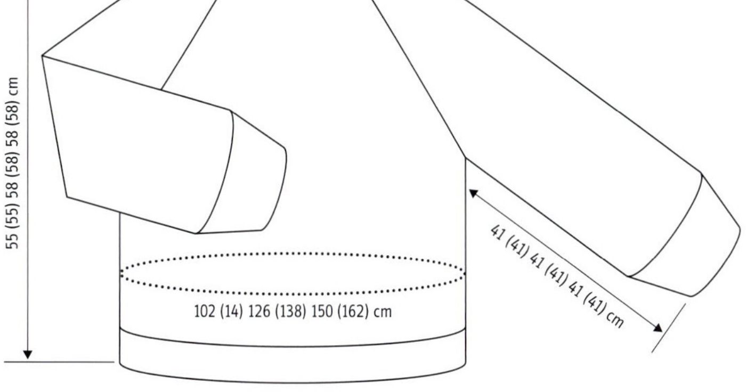

1. Rd: *1 M links verschränkt abheben mit dem Faden vor der Arbeit, 1 M rechts verschränkt str*, von *-* wdh bis zum Ende der Rd.
2. Rd: *1 M links verschränkt str, 1 M rechts verschränkt abheben mit dem Faden hinter der Arbeit*, von *-* wdh bis zum Ende der Rd.
Kette nun alle M italienisch ab.

KRAGEN

Nimm 130 M aus der Halsöffnung auf. Beginne hier an der rechten Raglannaht im Rückenteil. Stricke 5 Rd im verschränkten 1/1 Rippenmuster. Stricke noch 2 Vorbereitungs-Rd für das italienische Abketten, versetze dabei den MM für den Rd-Beginn um 1 M nach links.
1. Rd: *1 M links verschränkt abheben mit dem Faden vor der Arbeit, 1 M rechts verschränkt str*, von *-* wdh bis zum Ende der Rd.
2. Rd: *1 M links verschränkt str, 1 M rechts verschränkt abheben mit dem Faden hinter der Arbeit*, von *-* wdh bis zum Ende der Rd.
Kette nun alle M italienisch ab.

FERTIGSTELLUNG

Vernähe alle Fäden sorgfältig. Falls erforderlich, wasche den Sweater gemäß den Angaben des Garnherstellers, ziehe ihn in Form und lass ihn liegend trocknen.

Profi-Tipp

„ICH MÖCHTE DEN PULLOVER PERFEKT AUF MEINE GRÖSSE ANPASSEN." Raglanpullover haben immer einen perfekten Sitz. Du kannst deinen Pullover während deines Strickprozesses immer anprobieren und so für dich die perfekte Arm- und Körperlänge stricken – unabhängig von den Maßen, die in der Anleitung angegeben sind. Ob kürzer oder länger – vollkommen egal. Stricke einfach im Anschluss die Arbeitsschritte nach Erreichen der Gesamthöhe.

Marlie

Marlie wird von oben nach unten mit einem Raglan gestrickt. Ein legerer Raglan sorgt hier für einen lockeren Sitz. Sobald der Raglan beendet ist, werden die Ärmel von dem Körper getrennt und separat zu Ende gestrickt. Ein Saumbündchen mit einem verschränkten Rippenmuster macht den Abschluss. Ein Turtleneck-Kragen rundet die perfekte Passform ab.

3 SCHWIERIGKEITSGRAD

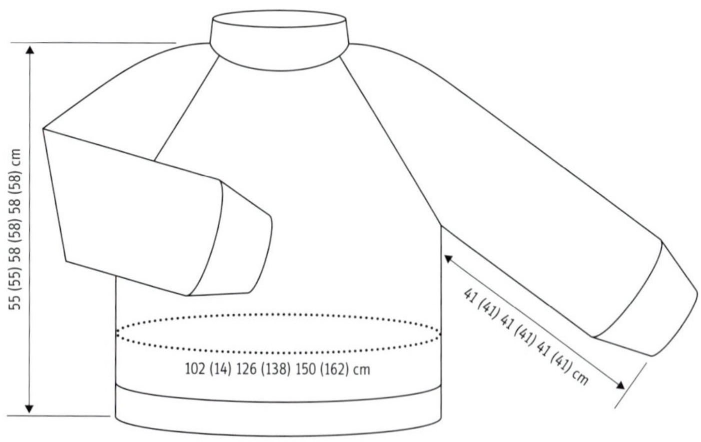

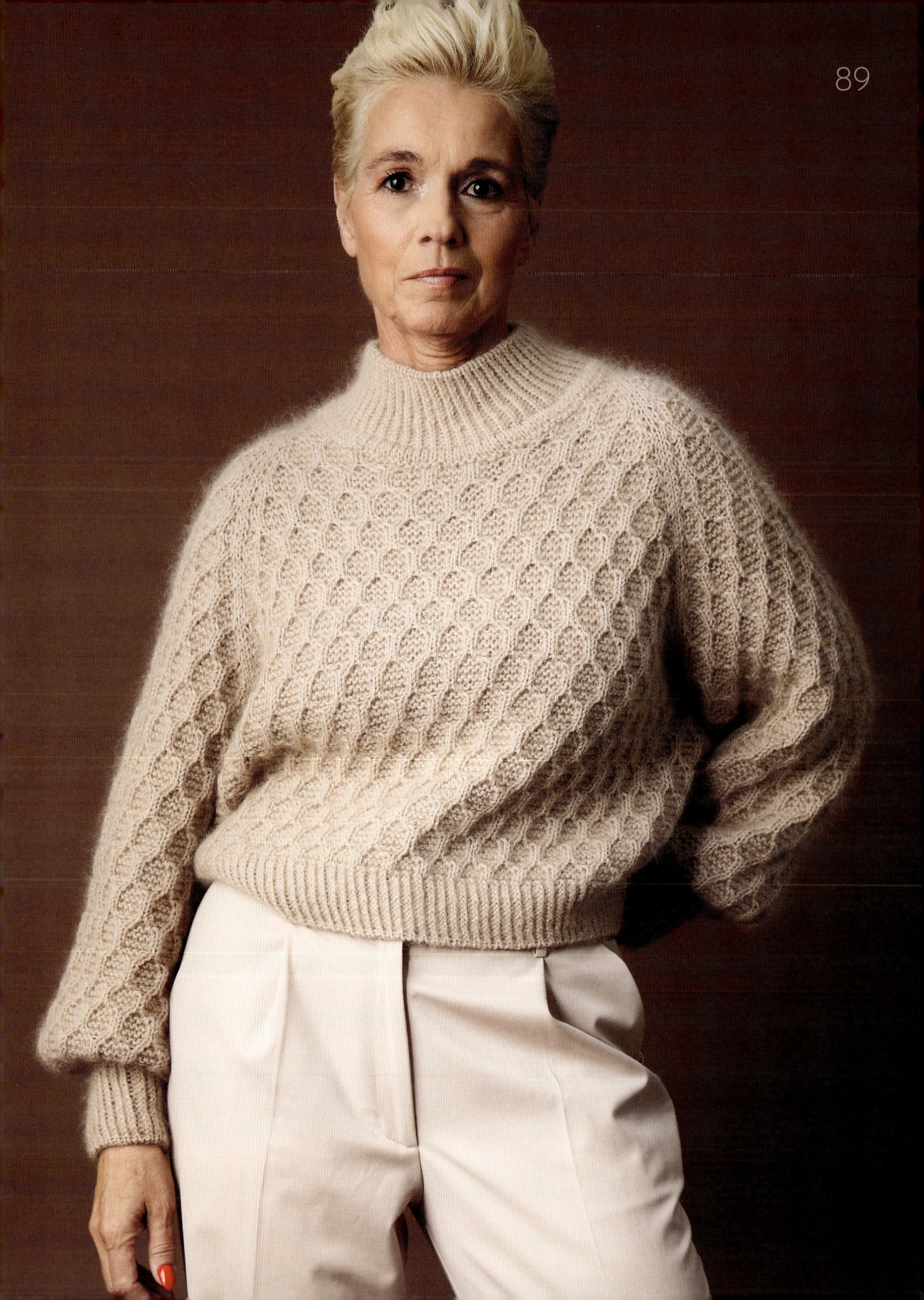

Größen

	GRÖSSE 1	GRÖSSE 2	GRÖSSE 3	GRÖSSE 4	GRÖSSE 5	GRÖSSE 6
GESTRICKTE OBERWEITE	102 cm	114 cm	126 cm	138 cm	150 cm	162 cm
GESAMTLÄNGE	55 cm	55 cm	58 cm	58 cm	58 cm	58 cm
UNTERARMLÄNGE	41 cm	41 cm	41 cm	41 cm	41 cm	41 cm

Alle Werte sind ca.- Angaben. Diese können durch die Wahl des Garns und die Strickeigenschaften abweichen. Die Länge des Körpers und der Ärmel kann individuell angepasst werden.

Material

LANGYARNS Merino 150, (100% Schurwolle, LL 150 m / 50 g)
in Beige (Fb 96), 450 (500) 550 (600) 650 (700)

LANGYARNS Mohair Luxe (77% Mohair, 23% Seide, LL 175 m/25 g)
in Beige (Fb 22), 200 (225) 250 (275) 300 (325) g

Beide Qualitäten werden zusammen verstrickt.

Rundstricknadeln 4,0 mm, 40 und 100 cm lang

Rundstricknadeln 4,5 mm, 60, 80 und 100 cm lang

Evtl. Nadelspiel 4,0 mm

Hilfsnadel

Separate Seile oder extra Fäden zum Stilllegen von Maschen

Maschenmarkierer

Maschenprobe

Im Grundmuster mit Nd 4,5 mm 20 M und 33 R = 10 cm x 10 cm

Muster

GRUNDMUSTER

1 Mustersatz = 6 M und 16 R/Rd.
Es sind nur die Hinr bzw. ungeraden Rd gezeichnet. In den Rückr die M str, wie sie erscheinen, bzw. kraus rechte M rechts str. In den geraden Rd die M str, wie sie erscheinen, bzw. kraus rechte M links str.
Die Strickschrift wird von rechts nach links gelesen.

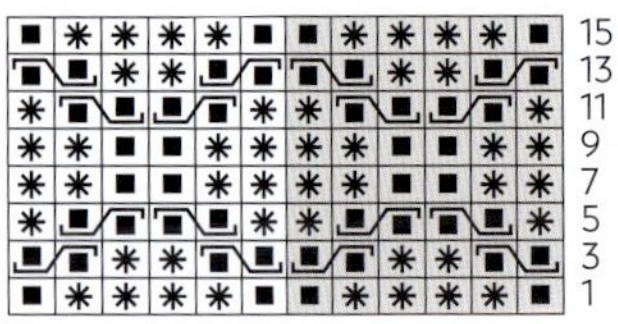

Zeichenerklärung
■ = 1 Masche rechts
− = 1 Masche links
✱ = 1 M kraus rechts
= 1 Masche auf einer Zopfnadel hinter die Arbeit legen, 1 Masche rechts, die Masche der Zopfnadel rechts stricken
= 1 Masche auf der Zopfnadel vor die Arbeit legen, 1 Masche rechts, die Masche der Zopfnadel rechts stricken

VERSCHRÄNKTES 1/1 RIPPENMUSTER

In Rd: 1 M rechts verschränkt, 1 M links verschränkt im Wechsel str.

RAGLANMASCHEN (RAGLAN-M)

In R: In Hinr rechte M, in Rückr linke M str.
In Rd: In jeder Rd rechte M str.

RAGLANZUNAHMEN (RGZ) RECHTS UND LINKS DER RAGLANMASCHE

RgZ rechts: Stricke jeweils bis zur markierten Raglan-M. Stich mit der rechten Nd von hinten in das rechte M-Glied der M unterhalb der Raglan-M und stricke es rechts verschränkt ab. Stricke nun die Raglan-M rechts.
RgZ links: Stich mit der linken Nd von hinten in das M-Glied unterhalb der Raglan-M, und stricke es rechts verschränkt ab.
Bis zum Schließen des Hals-Ausschnittes strickst du die Raglan-M in der Rückr links.

RANDMASCHE

Hinr: Die 1. und letzte M jeweils rechts str.
Rückr: Die 1. und letzte M jeweils links str.

ZUNAHMEN

Zun-re: Hebe den Querfaden zwischen 2 M von hinten auf die linke Nd und stricke ihn rechts ab.
Zun-li: Hebe den Querfaden zwischen 2 M von vorne auf die linke Nd und stricke ihn rechts verschränkt ab.
Zun-re-li: Hebe den Querfaden zwischen 2 M von hinten auf die linke Nd und stricke ihn links ab.
Zun-li-li: Hebe den Querfaden zwischen 2 M von vorne auf die linke Nd und stricke ihn links verschränkt ab.

Anleitung

Schlage mit beiden Qualitäten zusammen und Nd 4,5 mm 58 M an und stricke wie folgt:
1. R: 58 M rechts.
2. R: Aus der 1. M 2 M heraus str (= 1 M rechts, 1 M rechts verschränkt) (für das rechte Vorderteil), MM setzen, 2 Raglan-M links, MM setzen, 1 M links, 4 M rechts, 1 M links (für den rechten Ärmel), MM setzen, 2 Raglan-M links, MM setzen, 6x (1 M links, 4 M rechts, 1 M links) (für das Rückenteil), MM setzen, 2 Raglan-M links, MM setzen, 1 M links, 4 M rechts, 1 M links (für den linken Ärmel), MM setzen, 2 Raglan-M links, MM setzen, aus der letzten M 2 M heraus str (= 1 M rechts, 1 M rechts verschränkt) = 60 M.
3. R (= 3. R Mustersatz): Rdm, 1 M rechts, 2 Raglan-M, 1 RgZ links, 1x den Mustersatz, 1 RgZ rechts, 2 Raglan-M, 1 RgZ links, 6x den Mustersatz, 1 RgZ rechts, 2 Raglan-M, 1 RgZ links, 1x den Mustersatz, 1 RgZ rechts, 2 Raglan-M, 1 M rechts, Rdm = 66 M.
4. R: Aus der ersten und letzten M je 2 M heraus str, alle anderen M mustergemäß str = 68 M.
5. R: Mustergemäß str und die RgZ arbeiten wie zuvor = 74 M.

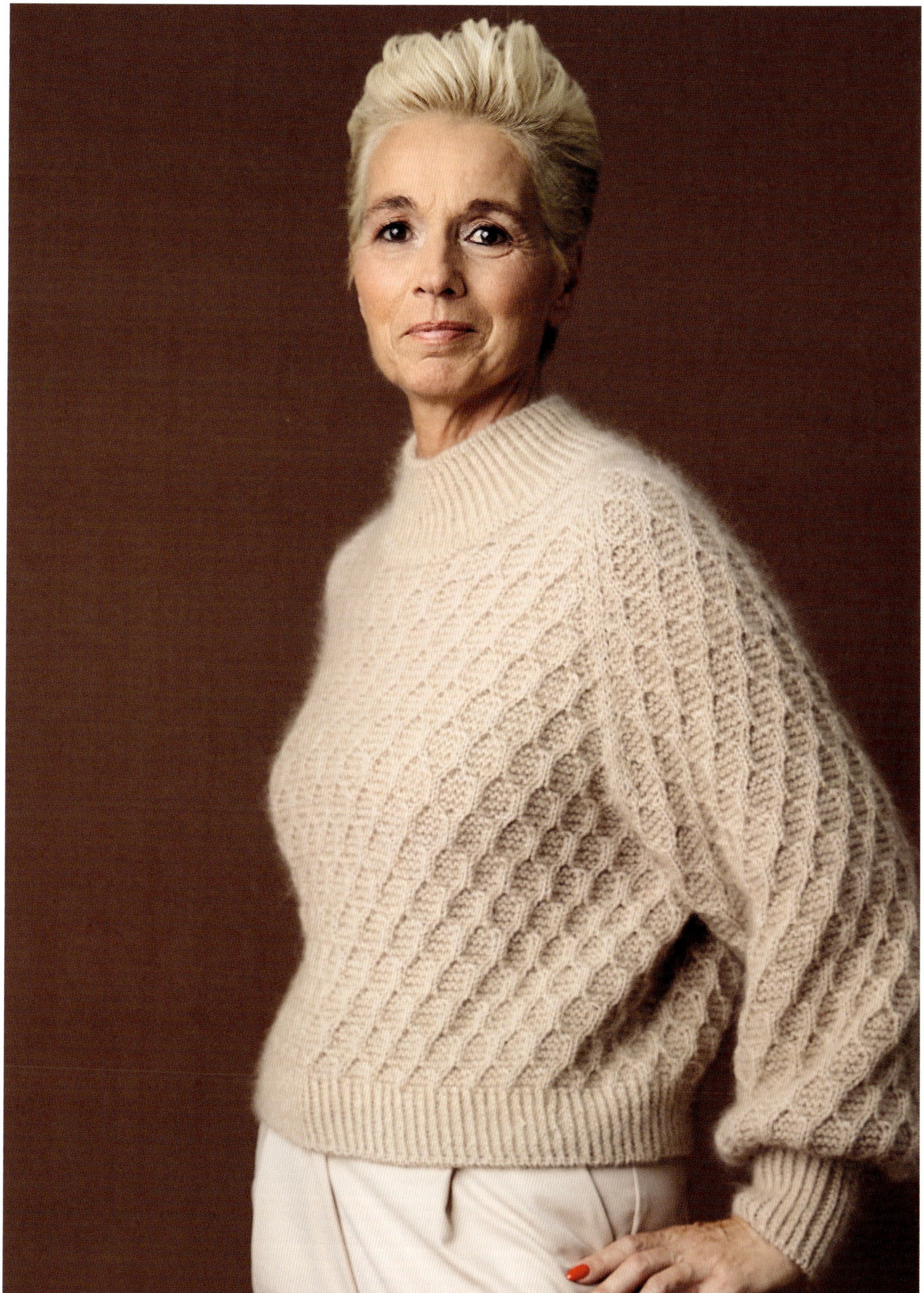

6. R: Aus der ersten und letzten M je 2 M heraus str, alle anderen M mustergemäß str = 76 M.
Stricke nun die Zunahmen und die RgZ für das Vorderteil exakt wie die M und RgZ des Rückenteils.
7. R: Rdm, 3 M rechts, 1 RgZ rechts, 2 Raglan-M, 1 RgZ links, 2 M rechts, 1x den Mustersatz, 2 M rechts, 1 RgZ rechts, 2 Raglan-M, 1 RgZ links, 2 M rechts, 6x den Mustersatz, 2 M rechts, 1 RgZ rechts, 2 Raglan-M, 1 RgZ links, 2 M rechts, 1x den Mustersatz, 2 M rechts, 1 RgZ rechts, 2 Raglan-M, 1 RgZ links, 3 M rechts, Rdm = 84 M.
8. R: Aus der ersten und letzten M je 2 M heraus str, alle anderen M mustergemäß str = 86 M.
9. R: Mustergemäß wie die 7. R str = 94 M.
10. R: Aus der ersten M 1 M rechts und 1 M links heraus str, aus der letzten M 1 M links und 1 M rechts heraus str, alle anderen M mustergemäß str = 96 M.
11. R: Mustergemäß str und die RgZ arbeiten = 104 M.
12. R: Stricke am R-Beginn 2 M auf und schlage am Ende 2 zusätzliche M an, alle anderen M stricke mustergemäß = 108 M.
13. R: Mustergemäß str und die RgZ arbeiten = 116 M.
14. R: Stricke wie in der 12. R beschrieben = 120 M.
15. R: Mustergemäß str und die RgZ arbeiten = 128 M.
16. R: Stricke wie in der 12. R beschrieben = 132 M.
17. R: Mustergemäß str und die RgZ arbeiten = 140 M.
18. R: Stricke am R-Beginn 3 M auf und schlage am Ende 3 zusätzliche M an, alle anderen M stricke mustergemäß = 146 M.
19. R: Stricke mustergemäß, arbeite die RgZ, schlage am Ende der R für den Halsausschnitt 10 M zusätzlich mit dem Schlingenanschlag an. Schneide den Faden ab und lege alle M der linken Vorderteil-Hälfte, ohne diese zu str, auf die rechte Nd. Setze zwischen den folgenden Raglan-M einen MM für den Rd-Beginn = 164 M.
20. Rd: Stricke eine Zwischen-Rd ohne RgZ, diese werden nur in jeder 2. Rd gestrickt. Füge die neu angeschlagenen M in das Muster ein.

Arbeite noch weitere 21 (27) 33 (39) 45 (51)x die RgZ in jeder 2. Rd und füge diese M jeweils in das Muster ein = 332 (380) 428 (476) 524 (572) M.

TRENNEN VON ÄRMEL- UND KÖRPERMASCHEN

Lege 1 Raglan-M, 66 (78) 90 (102) 114 (126) Ärmel-M und 1 Raglan-M still, schlag 4 Achsel-M neu an, setze in der Mitte einen MM für den Rd-Beginn, stricke 1 Raglan-M, 96 (108) 120 (132) 144 (156) M für das Rückenteil sowie die nächste Raglan-M im Muster, lege 1 Raglan-M, 66 (78) 90 (102) 114 (126) Ärmel-M und 1 Raglan-M still, schlag 4 Achsel-M neu an, stricke 1 Raglan-M, 96 (108) 120 (132) 144 (156) M für das Vorderteil sowie die nächste Raglan-M im Muster, schließe die Arbeit zur Rd und füge die Achsel-M in das Muster ein = 204 (228) 252 (276) 300 (324) M.
Füge die Achsel-M in das Muster ein und stricke weiter in Rd, bis du eine Höhe ab Anschlag von 50 (50) 53 (53) 53 (53) cm erreicht hast.
Stricke nun mit Nd 4,0 mm 5 cm im verschränkten 1/1 Rippenmuster.
Arbeite danach 2 Vorbereitungsrunden für das italienische Abketten, versetze dabei den MM für den Rd-Beginn um 1 M nach links.
1. Rd: *1 M links verschränkt abheben mit dem Faden vor der Arbeit, 1 M rechts verschränkt str*, von *-* wdh bis zum Ende der Rd.
2. Rd: *1 M links verschränkt str, 1 M rechts verschränkt abheben mit dem Faden hinter der Arbeit*, von *-* wdh bis zum Ende der Rd.
Kette nun alle M italienisch ab.

ÄRMEL

Lege die 68 (80) 92 (104) 116 (128) Ärmel-M wieder auf die Strick-Nd 4,5 mm, nimm aus dem Achselrand des Körpers 4 M auf und füge diese in das Muster ein = 72 (84) 96 (108) 120 (132) M. Setze hierbei einen MM für den Rd-Beginn.
Stricke nun den Ärmel mustergemäß in Rd weiter, bis du eine Gesamthöhe von 31 cm erreicht hast.

Arbeite anschließend 1 Rd rechte M und stricke jeweils 2 M rechts überzogen zusammen = 36 (42) 48 (54) 60 (66) M.
Stricke nun mit Nd 4,0 mm 9,5 cm im verschränkten 1/1 Rippenmuster.
Arbeite danach 2 Vorbereitungs-Rd für das italienische Abketten, versetze dabei den MM für den Rd-Beginn um 1 M nach links.
1. Rd: *1 M links verschränkt abheben mit dem Faden vor der Arbeit, 1 M rechts verschränkt str*, von *-* wdh bis zum Ende der Rd.
2. Rd: *1 M links verschränkt str, 1 M rechts verschränkt abheben mit dem Faden hinter der Arbeit*, von *-* wdh bis zum Ende der Rd.
Kette nun alle M italienisch ab.

KRAGEN

Nimm aus den Rdm der Halsausschnittöffnung mit Nd 4,5 mm 96 M auf, setze einen MM für den Rd-Beginn.
1. Rd: 96 M links.
2. Rd: *1 M rechts, 1 U*, von *-* fortlaufend wdh.
3. Rd: *1 M rechts abheben mit dem Faden hinter der Arbeit, den U links verschränkt str*, von *-* fortlaufend wdh.
4. Rd: * 1 M rechts, 1 M links abheben mit dem Faden vor der Arbeit*, von *-* fortlaufend wdh.
5. Rd: *1 M rechts abheben mit dem Faden hinter der Arbeit, 1 M links verschränkt str*, von *-* fortlaufend wdh.
6. Rd: Stricke wie in der 4. Rd.
7. Rd: Stricke jeweils die rechte M mit der linken M rechts überzogen zusammen.
Stricke nun noch 7 cm im verschränkten 1/1 Rippenmuster, arbeite dann wie beim Ärmel beschrieben 2 Vorbereitungs-Rd und kette die M italienisch ab.

FERTIGSTELLUNG

Vernähe alle Fäden sorgfältig. Falls erforderlich, wasche den Sweater gemäß den Angaben des Garnherstellers, ziehe ihn in Form und lass ihn liegend trocknen.

Profi-Tipp

„ICH MÖCHTE EINE ANDERE KRAGENVARIANTE.“ Aus dem Kragen von Marlie kannst du drei Varianten stricken: arbeite nur wenige Runden im verschränkten 1/1 Rippenmuster und du bekommst einen einfachen Rundhalsausschnitt. Oder du strickst wie in der Anleitung einen Turtleneck. Die dritte Variante ist ein Rollkragen, stricke dafür einfach das Muster weiter, bis du deine gewünschte Kragenhöhe erreicht hast.

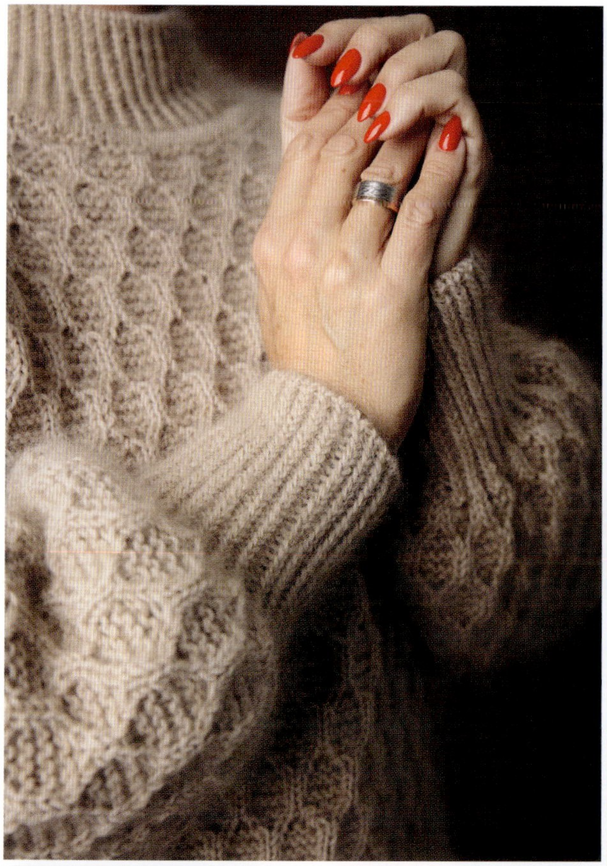

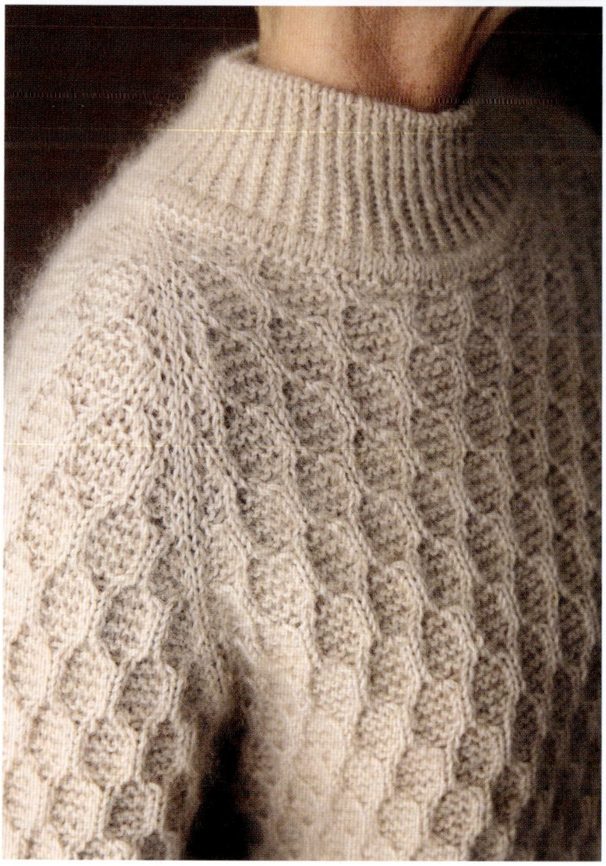

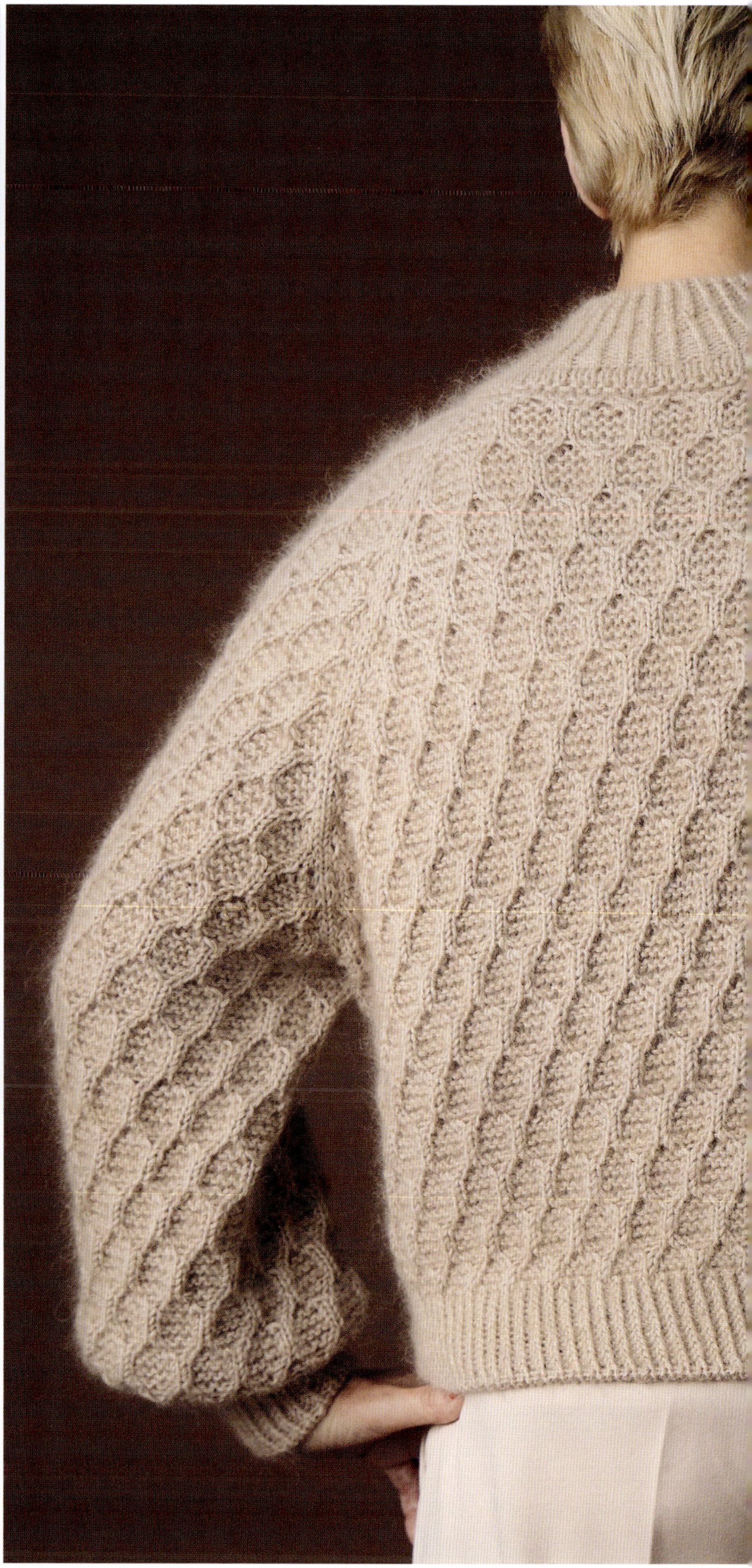

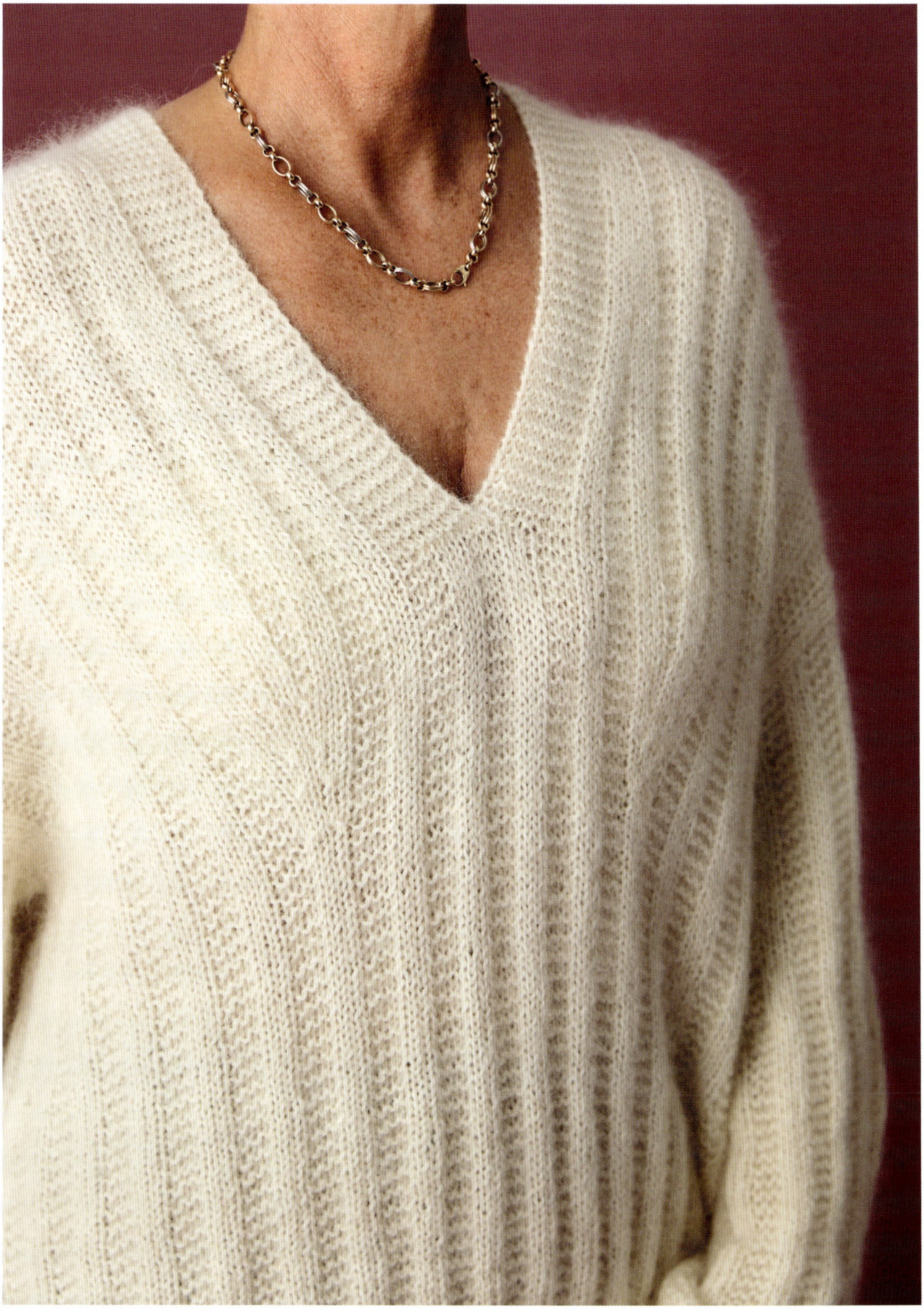

Yuna

Yuna wird von oben nach unten mit schräg verlaufenden Schulterpartien und einem V-Neck gestrickt. Du startest mit der Kragenblende und daraus strickst du die Maschen für das Rückenteil. Anschließend formst du durch seitliche Zunahmen die Schulterlinie. Die rechte und linke Vorderteilhälfte wird direkt an die Schulterpartie angestrickt, die Blende läuft parallel mit. Sobald du die Höhe des Ausschnittes und der Armlochhöhe erreicht hast, strickst du in Runden den Körper zu Ende. Die Ärmel werden anschließend angestrickt.

2 SCHWIERIGKEITSGRAD

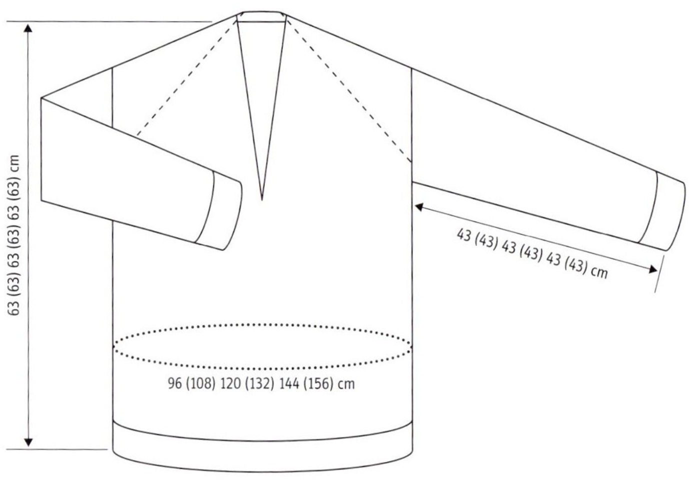

Größen

	GRÖSSE 1	GRÖSSE 2	GRÖSSE 3	GRÖSSE 4	GRÖSSE 5	GRÖSSE 6
GESTRICKTE OBERWEITE	96 cm	108 cm	120 cm	132 cm	144 cm	156 cm
GESAMTLÄNGE	63 cm	63 cm	63 cm	63 cm	63 cm	63 cm
UNTERARMLÄNGE	43 cm	43 cm	43 cm	43 cm	43 cm	43 cm

Alle Werte sind ca.- Angaben. Diese können durch die Wahl des Garns und die Strickeigenschaften abweichen. Die Länge des Körpers und der Ärmel kann individuell angepasst werden.

Material

LANGYARNS Baby Alpaca (100% Alpaka, LL 170 m/50 g) in Offwhite (Fb 94), 300 (350) 400 (450) 500 (550) g

LANGYARNS Mohair Luxe (77% Mohair, 23% Seide, LL 175 m/25 g) in Offwhite (Fb 94), 150 (175) 200 (225) 250 (275) g

Beide Qualitäten werden zusammen verstrickt.

Rundstricknadeln 4,0 mm, 60, 80 und 100 cm lang

Evtl. Nadelspiel 4,0 mm

Hilfsnadel

Separate Seile oder extra Fäden zum Stilllegen von Maschen

Maschenmarkierer

Maschenprobe

Im Grundmuster mit Nd 4,0 mm 20 M und 28 R = 10 cm x 10 cm

Muster

GLATT RECHTS

In R: Hinr: Alle M rechts str. Rückr: Alle M links str.
In Rd: Stets rechte M str.

KRAUS RECHTS

In R: Hinr: Alle M rechts str. Rückr: Alle M rechts str.
In Rd: 1 Rd rechte M, 1 Rd linke M im Wechsel str.

GRUNDMUSTER

3 M glatt rechts, 3 M kraus rechts im Wechsel.

VERSCHRÄNKTES 1/1 RIPPENMUSTER

In Rd: 1 M rechts verschränkt, 1 M links verschränkt im Wechsel str.

RANDMASCHE

Die 1. M der R rechts abheben, die letzte M der R rechts str.

ZUNAHMEN

Zun-re: Hebe den Querfaden zwischen 2 M von hinten auf die linke Nd und stricke ihn rechts ab.
Zun-li: Hebe den Querfaden zwischen 2 M von vorne auf die linke Nd und stricke ihn rechts verschränkt ab.
Zun-re-li: Hebe den Querfaden zwischen 2 M von hinten auf die linke Nd und stricke ihn links ab.
Zun-li-li: Hebe den Querfaden zwischen 2 M von vorne auf die linke Nd und stricke ihn links verschränkt ab.

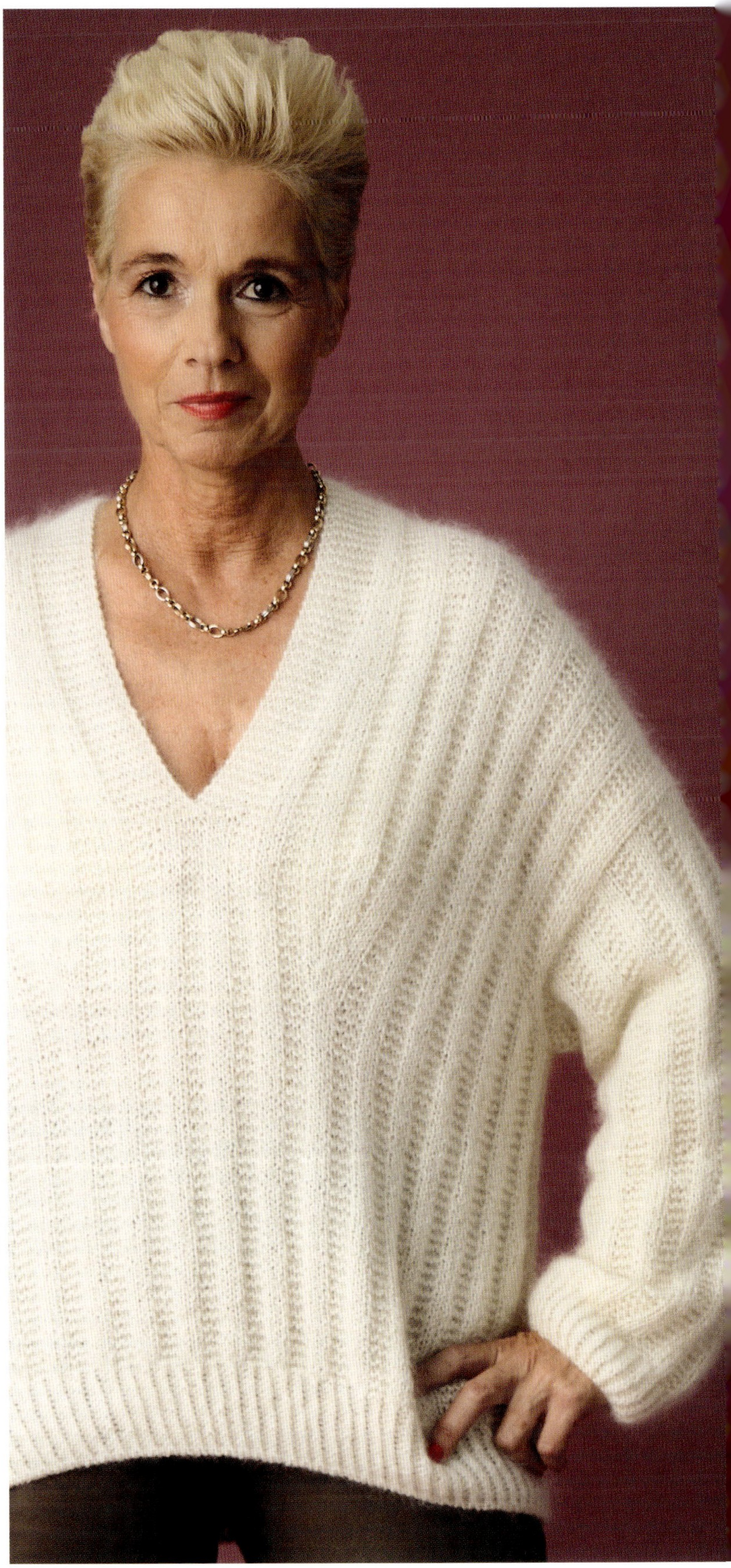

Anleitung

Schlage mit beiden Qualitäten zusammen 9 M an. Stricke 22 R kraus rechts: Rdm, 7 M kraus rechts, Rdm.
Lege die M still.
Stricke nun aus der Anschlagkante 9 M heraus und arbeite 22 R kraus rechts wie zuvor beschrieben, lege die M still.
Stricke nun aus den Rdm auf einer Seite der Halsblende 23 M heraus und stricke eine Rückr: 4 M links, 2x (3 M rechts, 3 M links), 3 M rechts, 4 M links.
Arbeite nun wie folgt die Zunahmen für die schrägen Schulterlinien und das obere Rückenteil:
1. R: 4 M rechts, 1 Zun-li, 15 M rechts, 1 Zun-re, 4 M rechts = 25 M.
2. R: 4 M links, 1 Zun-re-li, 1 M links, 2x (3 M rechts, 3 M links), 3 M rechts, 1 M links, 1 Zun-li-li, 4 M links.
Stricke nun die 1. und 2. R noch 17 (20) 23 (26) 29 (32)x, stricke dabei die Zunahmen jeweils im Muster = insgesamt 36 (42) 48 (54) 60 (66) Zunahmen pro Seite = 95 (107) 119 (131) 143 (155) M.
Arbeite anschließend noch 32 (36) 40 (44) 48 (52) R, lege die M still.

LINKE VORDERTEIL-HÄLFTE

Lege die 9 M der Halsblende wieder auf die Nd.
Stricke aus der Schulterlinie 40 (46) 52 (58) 64 (70) M.
Stricke 1 Rückr: 4 M links, 6 (7) 8 (9) 10 (11)x (3 M rechts, 3 M links) 8 M kraus rechts, Rdm.
1. R: Rdm, 8 M kraus rechts, die restlichen M rechts.
2. R: 4 M links, 6 (7) 8 (9) 10 (11)x (3 M rechts, 3 M links), 8 M kraus rechts, 1 Rdm.
3. R: Rdm, 8 M kraus rechts, 35 (41) 47 (53) 59 (65) M rechts, 2 M rechts zusammenstricken, 3 M rechts.
4. R: 4 M links, 2 M rechts, 5 (6) 7 (8) 9 (10)x (3 M links, 3 M rechts), 3 M links, 8 M kraus rechts, Rdm.
Wiederhole diese 4 R noch 5x.
Stricke 2 (4) 6 (6) 6 (6) R im Muster.
Nimm nun für die Formung des Vorderteils 1x in der folgenden R und 5x in jeder 6. (8.) 8. (8) 8. (8.) R 1 M wie folgt zu:
Rdm, 8 M kraus rechts, 3 M rechts 1 Zun-re, restliche M str, wie sie erscheinen.
Füge die Zunahmen jeweils in das Muster ein.
Stricke weitere 5 (3) 11 (15) 25 (35) R im Muster, lege die M still.

RECHTE VORDERTEIL-HÄLFTE

Stricke gegengleich zur linken Vorderteil-Hälfte.
Lies hierzu die R-Angaben von hinten.
Stricke die Zun-links geneigt (Zun-li).
Füge die Vorderteil-Hälften zusammen und stricke gleichzeitig Zunahmen für die Armausschnitte.
Lege die M des linken Vorderteils wieder auf die Nd.
Stricke die M des rechten Vorderteils:
4 M rechts, 1 Zun-re, 36 (42) 48 (54) 60 (66) M rechts, stricke 6 M kraus rechts für die Blende, stricke die letzten 3 M der Blende mit den ersten 3 M der Blende der linken Vorderteil-Hälfte rechts überzogen zusammen, stricke 6 M kraus rechts für die Blende und 36 (42) 48 (54) 60 (66) M rechts, 1 Zun-li, 4 M rechts.
Füge in der folgenden Rückr die Blenden-M in das Muster ein.
Beginne in der nächsten Hinr mit der Formung der Brust:
4 M rechts, 1 Zun-re, 21 (27) 33 (39) 45 (51) M rechts, 2 M rechts zusammenstricken, 1 M rechts, 2 M rechts überzogen zusammenstricken, 37 M rechts, 2 M rechts zusammenstricken, 1 M rechts, 2 M rechts überzogen zusammenstricken, 21 (27) 33 (39) 45 (51) M rechts, 1 Zun-li, 4 M rechts.
Stricke die Zunahmen für die Armausschnitte noch 4x, die Abnahmen für die Brustformung noch 11x.
Wenn du die Zunahmen für die Armausschnitte beendet hast, werden Vorderteil und Rückenteil zusammengefügt:
Lege die M des Rückenteils wieder auf die Nd, stricke alle M des Vorderteils, schlage 1 Achsel-M an, stricke alle M des Rückenteils, schlage 1 Achsel-M an, setze einen MM für den Rd-Beginn.
Stricke weiter in Rd, bis du eine Gesamthöhe von 57 cm erreicht hast.
Nimm in der nächsten Hinrunde gleichmäßig verteilt 18 (20) 22 (24) 26 (28) M ab und stricke 5,5 cm im verschränkten 1/1 Rippenmuster.

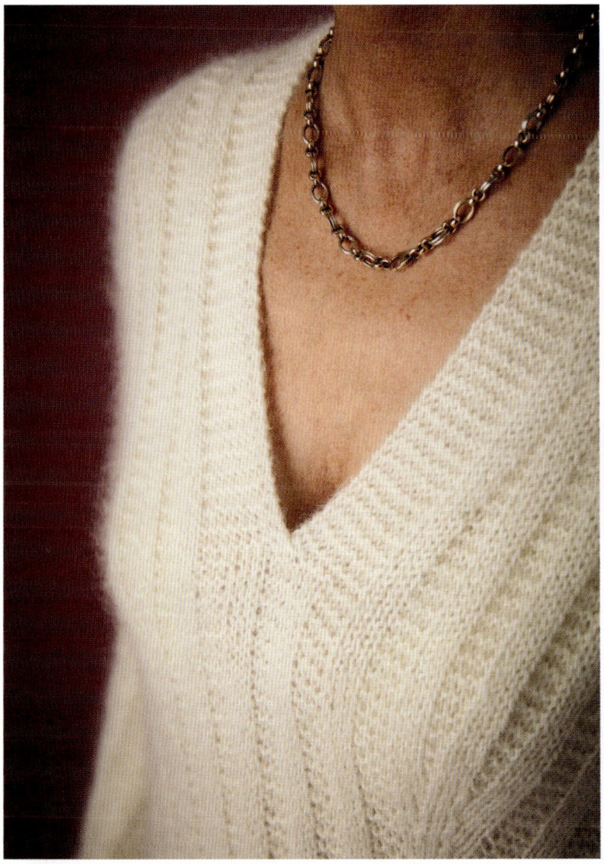

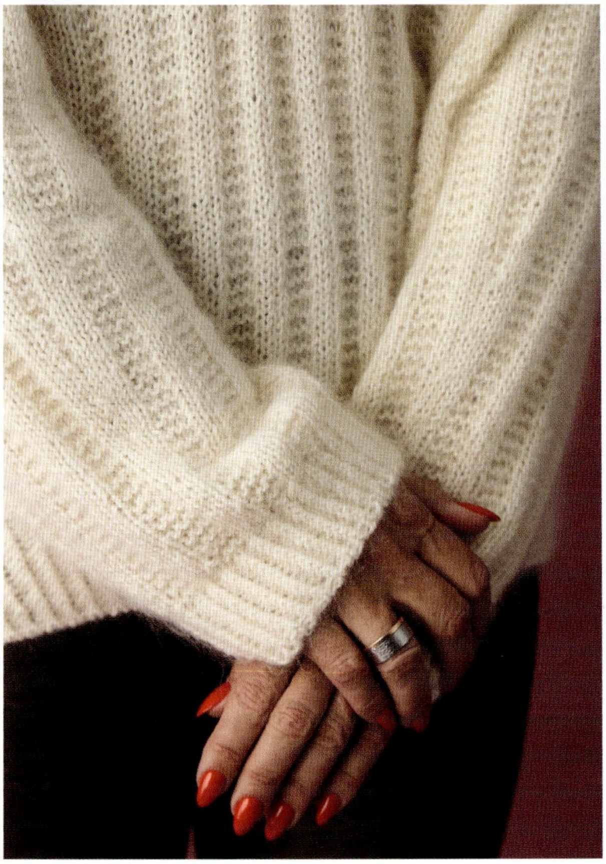

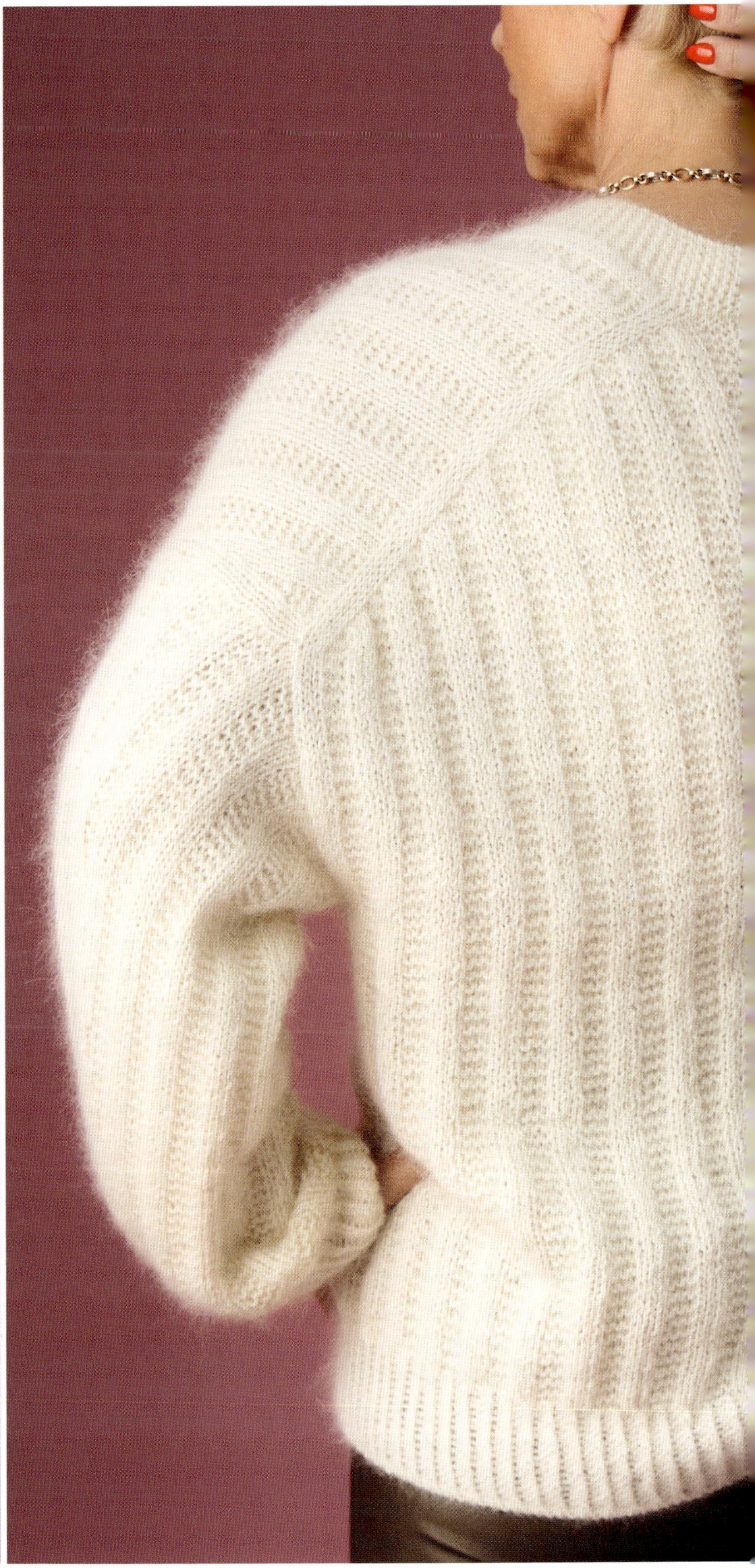

Arbeite danach 2 Vorbereitungs-Rd für das italienische Abketten, versetze dabei den MM für den Rd-Beginn um 1 M nach links.
1. Rd: *1 M links verschränkt abheben mit dem Faden vor der Arbeit, 1 M rechts verschränkt str*, von *-* wdh bis zum Ende der Rd.
2. Rd: *1 M links verschränkt str, 1 M rechts verschränkt abheben mit dem Faden hinter der Arbeit*, von *-* wdh bis zum Ende der Rd.
Kette nun alle M italienisch ab.

ÄRMEL

Nimm direkt aus den Rdm des Armloches 78 (90) 102 (114) 126 (138) M auf, beginne hier an den Achsel-M des Körpers.
Teile das Muster ein: 5 (6) 7 (8) 9 (10)x (3 M kraus rechts, 3 M glatt rechts), 3 M kraus rechts, MM setzen, 3 M glatt rechts, 3 M kraus rechts, 3 M glatt rechts, MM setzen, 3 M kraus rechts, 5 (6) 7 (8) 9 (10)x (3 M glatt rechts, 3 M kraus rechts), 3 M glatt rechts.
Stricke 22 Rd im Grundmuster.
Stricke in der 23. Rd und nachfolgend in jeder 6. Rd 11x rechts und links der markierten mittleren 9 M je 1 Abnahme:
Stricke die Runde bis 1 M vor dem MM, stricke diese M mit der nächsten M rechts zusammen, stricke die nächsten 7 M und stricke die folgenden 2 M rechts überzogen zusammen, arbeite die Rd zu Ende.
Bei einer Gesamthöhe von 38 cm stricke noch 5 cm im verschränkten 1/1 Rippenmuster.
Arbeite danach 2 Vorbereitungs-Rd für das italienische Abketten, versetze dabei den MM für den Rd-Beginn um 1 M nach links.
1. Rd: *1 M links verschränkt abheben mit dem Faden vor der Arbeit, 1 M rechts verschränkt str*, von *-* wdh bis zum Ende der Rd.
2. Rd: *1 M links verschränkt str, 1 M rechts verschränkt abheben mit dem Faden hinter der Arbeit*, wdh von *-* wdh bis zum Ende der Rd.
Kette nun alle M italienisch ab.

FERTIGSTELLUNG

Vernähe alle Fäden sorgfältig. Falls erforderlich, wasche den Sweater gemäß den Angaben des Garnherstellers, ziehe ihn in Form und lass ihn liegend trocknen.

Profi-Tipp

„DIE BRUSTABNAHMEN GEFALLEN MIR NICHT." Die Brustabnahmen garantieren dir einen perfekten Sitz! Solltest du den Pullover legerer mögen, dann lasse die Abnahmen für die Brust einfach weg und stricke den Pullover gerade zu Ende.

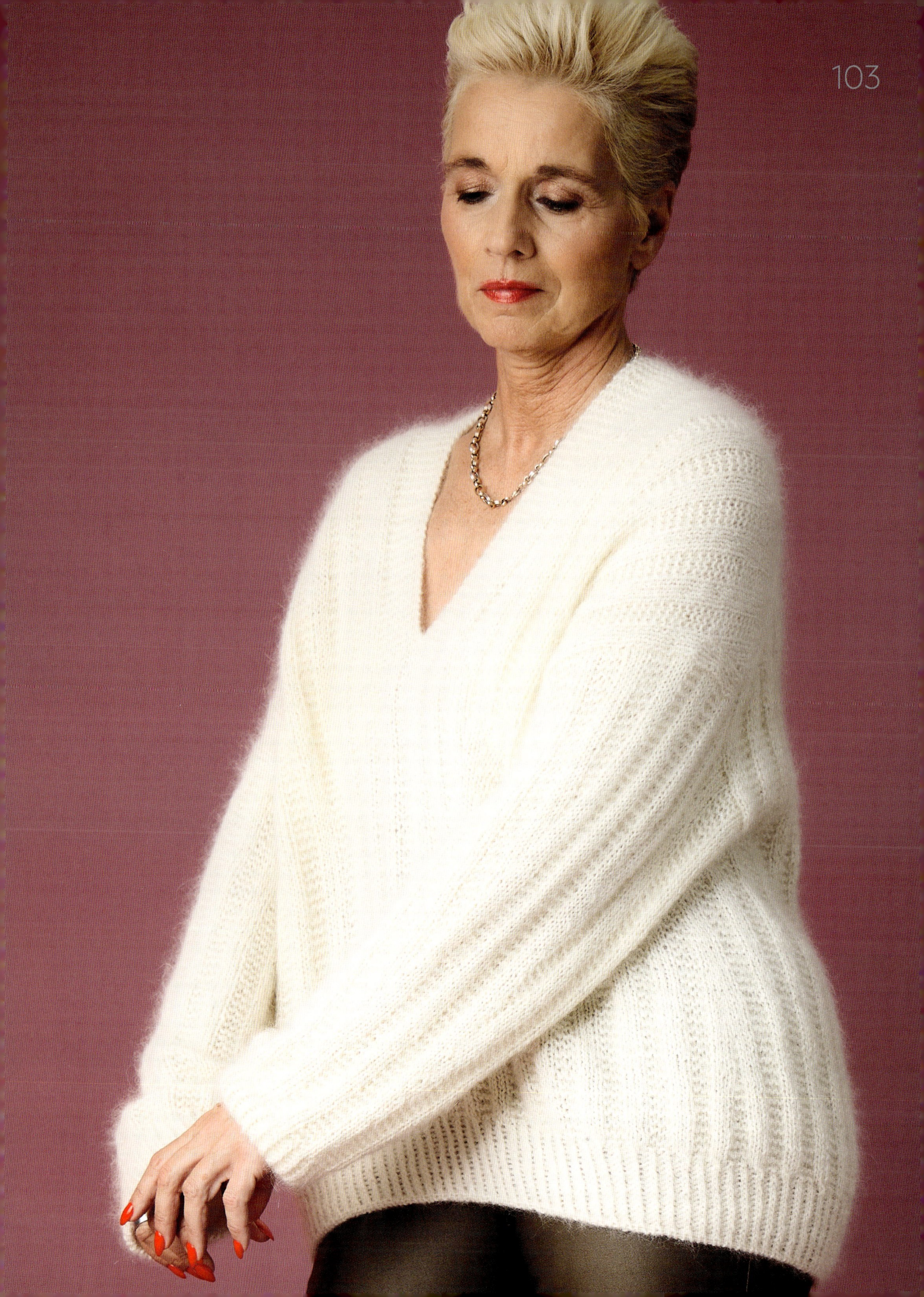

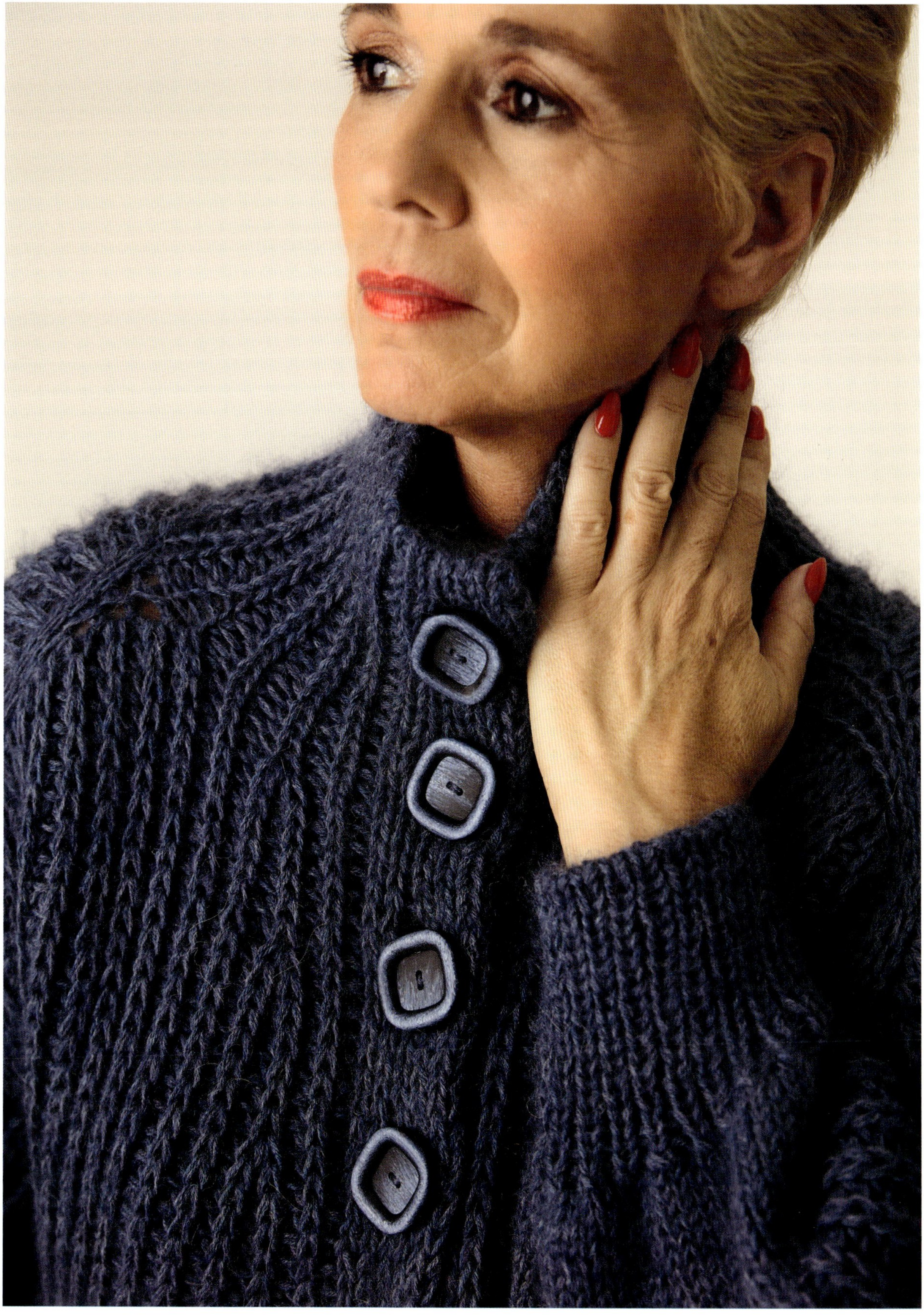

Elsie

Elsie ist ein legerer Sweater im Troyer-Stil. Plastisches Halbpatent und Blenden im Doppelstrick geben dem Sweater einen sportlich-femininen Touch. Du beginnst hier mit einem italienischen Anschlag am Kragen und formst daraus die Schulterpartien und jeweils die Vorderteile. Anschließend strickst du das Rückenteil an und bei Erreichen der Armausschnitthöhe wird der Körper in Runden beendet. Die Ärmel werden direkt angestrickt.

3 SCHWIERIGKEITSGRAD

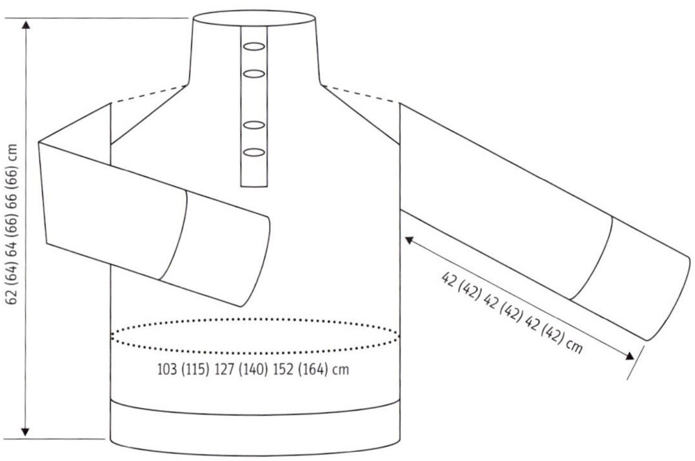

Größen

Elsie sollte etwas legerer getragen werden, bitte beachte jedoch bei der Auswahl deiner Größe, dass Halbpatent im Lauf der Zeit wächst und somit dein Sweater auch etwas weiter und länger werden wird.

	GRÖSSE 1	GRÖSSE 2	GRÖSSE 3	GRÖSSE 4	GRÖSSE 5	GRÖSSE 6
GESTRICKTE OBERWEITE	103 cm	115 cm	127 cm	140 cm	152 cm	164 cm
GESAMTLÄNGE INKL. KRAGEN	62 cm	64 cm	64 cm	66 cm	66 cm	66 cm
UNTERARMLÄNGE	42 cm	42 cm	42 cm	42 cm	42 cm	42 cm

Alle Werte sind ca.- Angaben. Diese können durch die Wahl des Garns und die Strickeigenschaften abweichen. Die Länge des Körpers und der Ärmel kann individuell angepasst werden.

Material

LANGYARNS Alpaca Soxx 6ply (70% Alpaka, 30% Polyamid, LL 390 m/150 g) in Blau (Fb 10), 300 (450) 450 (450) 600 (600) g

LANGYARNS Alpaca Soxx 4ply (70% Alpaka, 30% Polyamid, LL 390 m/100 g) in Jeansblau (Fb 34), 300 (450) 450 (450) 600 (600) g

LANGYARNS Mohair Luxe (77% Mohair, 23% Seide, LL 175 m/25 g) in Blau (Fb 10), 100 (125) 150 (175) 200 (225) g

Die drei Qualitäten werden immer zusammen verstrickt.

Rundstricknadeln 6,0 mm, 40 und 80 cm lang

Rundstricknadeln 7,0 mm, 40, 60, 80 und 100 cm lang

Separate Seile oder extra Fäden zum Stilllegen der Maschen

4 Knöpfe mit Durchmesser 32-34 mm

Für den italienischen Maschenanschlag:

Separater glatter Faden in einer anderen Farbe

Rundstricknadel 5,0 mm 60 cm lang

Maschenprobe

Im Grundmuster mit Nd 7,0 mm 13 M und 28 R = 10 cm x 10 cm

Muster

Dies sind nur die Grunderklärungen, bitte folge genau den Anweisungen in der Anleitung.

GRUNDMUSTER (HALBPATENT IN REIHEN/RUNDEN MIT TIEFER GESTOCHENEN MASCHEN)

In R:

1. R (Hinr): 1 M links, in die nächste rechte M eine R tiefer einstechen und rechts str, die obere M löst sich auf und es erscheint eine Halbpatentmasche (HPM).

2. R (Rückr): 1 M links, 1 M rechts im Wechsel str.

In Rd:

1. Rd: 1 M links, in die nächste rechte M eine Rd tiefer einstechen und rechts str, die obere M löst sich auf und es erscheint eine Halbpatentmasche (HPM).

2. Rd: 1 M links, 1 M rechts im Wechsel str.

BLENDENMUSTER (DOPPELSTRICK)

1.+2. R: 1 M rechts, 1 M links mit dem Faden vor der Arbeit abheben, im Wechsel str.

1/1 RIPPENMUSTER

In Rd: 1 M rechts, 1 M links im Wechsel.

GLATT RECHTS

In Rd: Stets rechte M str.

KNOPFLÖCHER

Die Knopflöcher werden vertikal eingestrickt. Dies strickst du in zwei Arbeitsschritten:

Schritt 1

1. R: 1 M rechts, 2x (1 M links mit dem Faden vor der Arbeit abheben, 1 M rechts), letzte M links mit dem Faden vor der Arbeit abheben, wende die Arbeit.

2. R: 1 M rechts, 2x (1 M links mit dem Faden vor der Arbeit abheben, 1 M rechts), letzte M mit dem Faden vor der Arbeit abheben, wende die Arbeit. Stricke die 1. und 2. R insgesamt 2x, anschließend die 1. R noch 1x (= 5 R), schneide den Faden ab, dieser liegt nun mittig auf der Knopfleiste. Du kannst die M auf der Nd liegen lassen oder auch auf einer Sicherheitsnadel stilllegen.

Schritt 2

1. R: 2x (1 M rechts, 1 M links mit dem Faden vor der Arbeit abheben), stricke die restlichen M der R mustergemäß.

2. R: Stricke alle M der Nd bis zu den letzten 4 M mustergemäß, 2x (1 M rechts, 1 M links mit dem Faden vor der Arbeit abheben), wende die Arbeit. Stricke die 1. und 2. R insgesamt 2x, anschließend die 1. R noch 1x.

In der nächsten R strickst du wieder über alle M zusammen.

Anleitung

Starte mit dem Kragen und nimm die M mit einem italienischen Anschlag auf:
Schlag mit dem separaten Faden und Nd 5,0 mm 33 M an.
Stricke nun mit den 3 Garnqualitäten zusammen weiter.
1. R: 1 M rechts, *1 U, 1 M rechts*, von *-* fortlaufend wdh.
2. R: 1 M rechts abheben, den Faden etwas fester anziehen, *den U rechts str, die linke M mit dem Faden vor der Arbeit abheben*, von *-* fortlaufend bis zu den 2 letzten M wdh, 2 M rechts.
3. R: 1 M rechts abheben, *1 M links mit dem Faden vor der Arbeit abheben, 1 M rechts*, von *-* fortlaufend bis zu den 2 letzten M wdh, 2 M links mit dem Faden vor der Arbeit abheben.
*** Bitte beachte hier den Tipp am Ende der Anleitung.
4. R: 1 M rechts, *1 M rechts, 1 M links mit dem Faden vor der Arbeit abheben*, von *-* fortlaufend bis zu den 2 letzten M wdh, 1 M rechts, 1 M links mit dem Faden vor der Arbeit abheben.
5. R: 1 M rechts, 4x (1 M links mit dem Faden vor der Arbeit abheben, 1 M rechts), 1 M links mit dem Faden vor der Arbeit abheben, MM setzen, 22x (1 M rechts, 1 M links), 1 M rechts, MM setzen, 4x (1 M links mit dem Faden vor der Arbeit abheben, 1 M rechts), 2 M links mit dem Faden vor der Arbeit abheben.
Bitte setze die MM in den nachfolgenden R jeweils an der entsprechenden Stelle um.
Hier ist nun der italienische Anschlag beendet und du kannst den provisorischen Faden lösen.
Die ersten und die letzten 10 M in jeder R bilden die Blende, in dieser werden 4 vertikale Knopflöcher in die rechte Blende des Kragens eingearbeitet.
1. R: 10 M Blende, 45 M Halbpatent, 10 M Blende.
2.-5. R: Stricke mustergemäß.
6.-10. R: Stricke hier gemäß den oben angegebenen Erklärungen das 1. Knopfloch.
11.-23. R: Stricke mustergemäß.
24.-28. R: Stricke hier das 2. Knopfloch.
29.-32. R: Stricke mustergemäß.

An dieser Stelle ist der Kragen beendet und es werden die schrägen Schulterpartien inklusive der rechten bzw. linken Vorderteil-Hälfte gestrickt.

LINKE SCHULTERSCHRÄGE UND LINKE VORDERTEIL-HÄLFTE

Hier strickst du zuerst über 22 M des Kragens. Lege die restlichen Maschen still.
1. R: 10 M Blende, 7 M Halbpatent, stricke aus der nächsten M 3 M aus 1 M (= 1 M rechts, 1 U, 1 M rechts), 4 M Blende (= 1 M mit dem Faden vor der Arbeit links abheben, 1 M rechts, 2 M mit dem Faden vor der Arbeit links abheben) = 24 M.
2. R: 5 M Blende (= 2 M rechts, 1 M links mit dem Faden vor der Arbeit abheben, 1 M rechts, 1 M links mit dem Faden vor der Arbeit abheben), 1 M rechts, 1 M links, 7 M Halbpatent, 10 M Blende.
3. R: 10 M Blende, 1 M links, 1 HPM, 1 M links, 3 M aus 1 M, 5 M Halbpatent, 3 M aus 1 M, 4 M Blende = 28 M.
4. R: 5 M Blende, 13 M Halbpatent, 10 M Blende.
5. R: 10 M Blende, 13 M Halbpatent, 3 M aus 1 M, 4 M Blende = 30 M.
6. R: 5 M Blende, 15 M Halbpatent, 10 M Blende.
Stricke die 5. und 6. R noch 5x = 40 M.
17. R: 10 M Blende, 1 M links, 1 HPM, 1 M links, 3 M aus 1 M, 21 M Halbpatent, 3 M aus 1 M, 4 M Blende = 44 M.
18. R: 5 M Blende, 29 M Halbpatent, 10 M Blende.
19. R: 10 M Blende, 29 M Halbpatent, 3 M aus 1 M, 4 M Blende = 46 M.
20. R: 5 M Blende, 31 M Halbpatent, 10 M Blende.
Für Größe 1 sind hier die Zunahmen für die Schulter beendet, stricke die 19. und 20. R für alle weiteren Größen noch (2) 4 (6) 8 (10)x = 46 (50) 54 (58) 62 (66) M.

LINKE VORDERTEILHÄLFTE

1. R: 10 M Blende, 31 (35) 39 (43) 47 (51) M Halbpatent, 5 M Blende.
2. R: 5 M Blende, 31 (35) 39 (43) 47 (51) M Halbpatent, 10 M Blende.
Stricke die 1. und 2. R noch 1x.

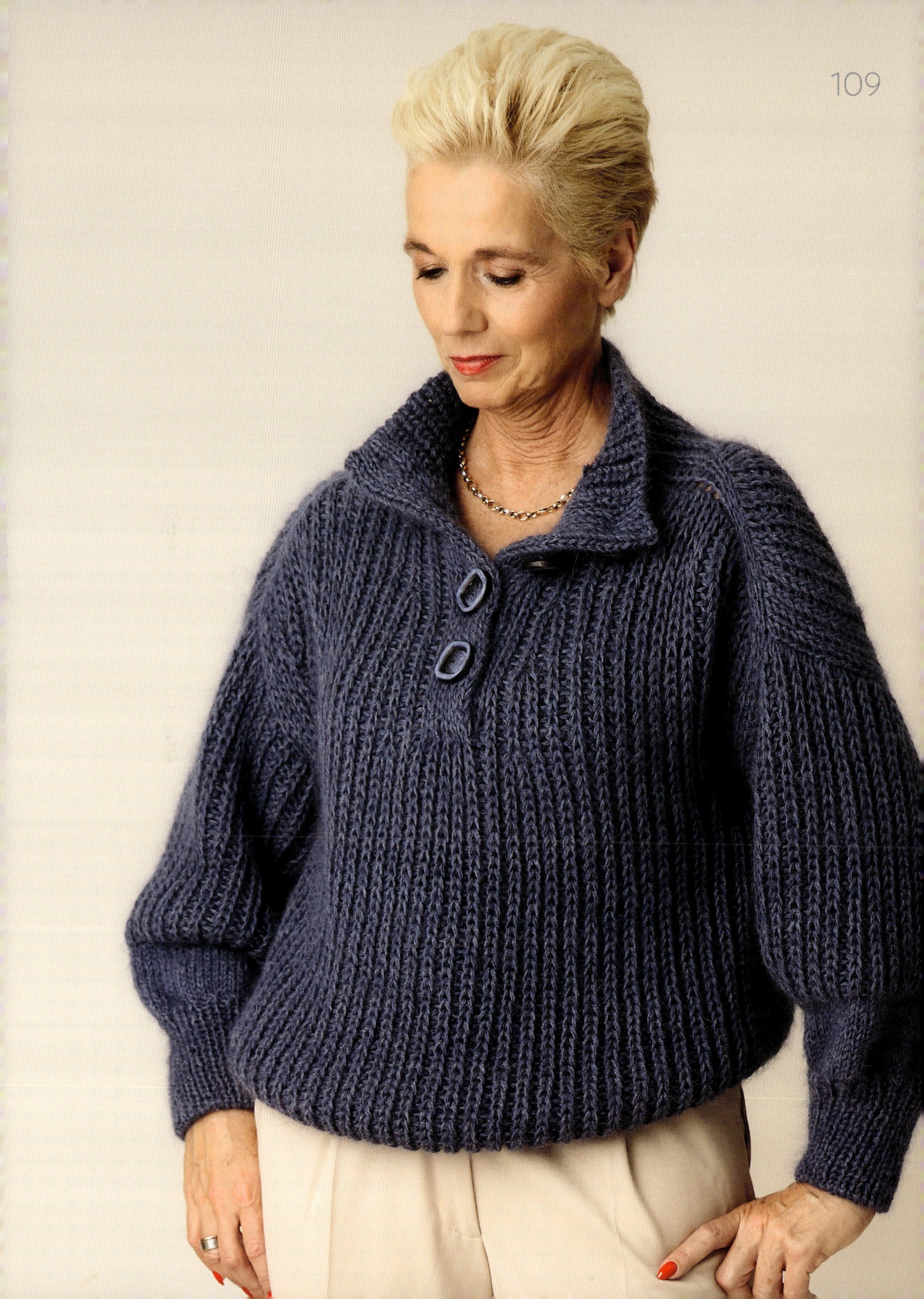

5. R: 10 M Blende, 25 (29) 33 (37) 41 (45) M Halbpatent, 3 M rechts zusammenstricken (= 2 M rechts abheben, die nächste M links abheben und diese 3 M rechts zusammenstricken), 3 M Halbpatent, 5 M Blende = 44 (48) 52 (56) 60 (64) M.
6. R: 5 M Blende, 29 (33) 37 (41) 45 (49) M Halbpatent, 10 M Blende.
7. R: 10 M Blende, 3 M Halbpatent, 3 M aus 1 M, 25 (29) 33 (37) 41 (45) M Halbpatent, 5 M Blende = 46 (50) 54 (58) 62 (66) M.
8. R: 5 M Blende, 31 (35) 39 (43) 47 (51) M Halbpatent, 10 M Blende.
9.+10. R: Stricke mustergemäß.
11. R: 10 M Blende, 25 (29) 33 (37) 41 (45) M Halbpatent, 3 M rechts zusammenstricken, 3 M Halbpatent, 5 M Blende = 44 (48) 52 (56) 60 (64) M.
12.-16. R: Stricke mustergemäß.
17. R: 10 M Blende, 23 (27) 31 (35) 39 (43) M Halbpatent, 3 M rechts zusammenstricken, 3 M Halbpatent, 5 M Blende = 42 (46) 50 (54) 58 (62) M.
18.-20. R: Stricke mustergemäß.
21. R: 10 M Blende, 3 M Halbpatent, 3 M aus 1 M, 23 (27) 31 (35) 39 (43) M Halbpatent, 5 M Blende = 44 (48) 52 (56) 60 (64) M.
22.-24. R: Stricke mustergemäß.
25. R: 10 M Blende, 23 (27) 31 (35) 39 (43) M Halbpatent, 3 M rechts zusammenstricken, 3 M Halbpatent, 5 M Blende = 42 (46) 50 (54) 58 (62) M.
26.-32. R: Stricke mustergemäß.
33. R: 10 M Blende, 21 (25) 29 (33) 37 (41) M Halbpatent, 3 M rechts zusammenstricken, 3 M Halbpatent, 5 M Blende = 40 (44) 48 (52) 56 (60) M.
34. R: Stricke mustergemäß.
35. R: 10 M Blende, 3 M Halbpatent, 3 M aus 1 M, 21 (25) 29 (33) 37 (41) M Halbpatent, 5 M Blende = 42 (46) 50 (54) 58 (62) M.
36.-38. R: Stricke mustergemäß, lege alle M still.

RECHTE SCHULTERSCHRÄGE UND RECHTE VORDERTEILHÄLFTE

Lass nun die mittleren 21 M des Kragenteils liegen und nimm die restlichen 22 M wieder auf eine Strick-Nd für die rechte Schulterschräge. Stricke nun gegengleich zur linken Seite. Lies hierzu die R-Angaben von hinten, so erhältst du die korrekte Einteilung für die rechte Seite. Stricke zusätzlich in der 10.-14. R und in der 28.-32. R ein weiteres Knopfloch in die Blende ein.
In der 39. R werden die Vorderteil-Hälften zusammengestrickt.
Lege hierzu die M der linken Vorderteil-Hälfte wieder auf die Strick-Nd und stricke dann alle M der rechten Vorderteil-Hälfte mustergemäß bis zu den M der Halsblende. Lege die ersten 10 M der Halsblende von dem linken Vorderteil auf eine Hilfsnadel und lege diese hinter die letzten 10 M der rechten Vorderteil-Hälfte. Stricke nun die 1. M des rechten Vorderteils mit den 2 ersten M auf der Hilfs-Nd rechts überzogen zusammen, stricke die nächste linke M des Vorderteils mit der 3. M der Hilfs-Nd links zusammen, stricke die nächste rechte M des Vorderteils mit der 4. M der Hilfs-Nd zusammen, wdh dies bis zur letzten M des rechten Vorderteils. Stricke diese nun mit der nächsten linken M der linken Vorderteil-Hälfte links zusammen. Stricke die M der linken Vorderteil-Hälfte mustergemäß zu Ende.

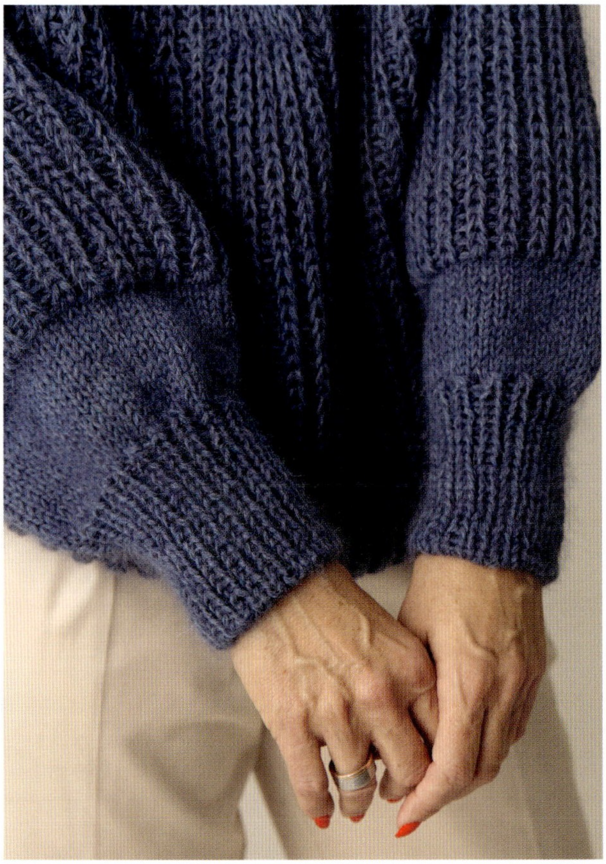

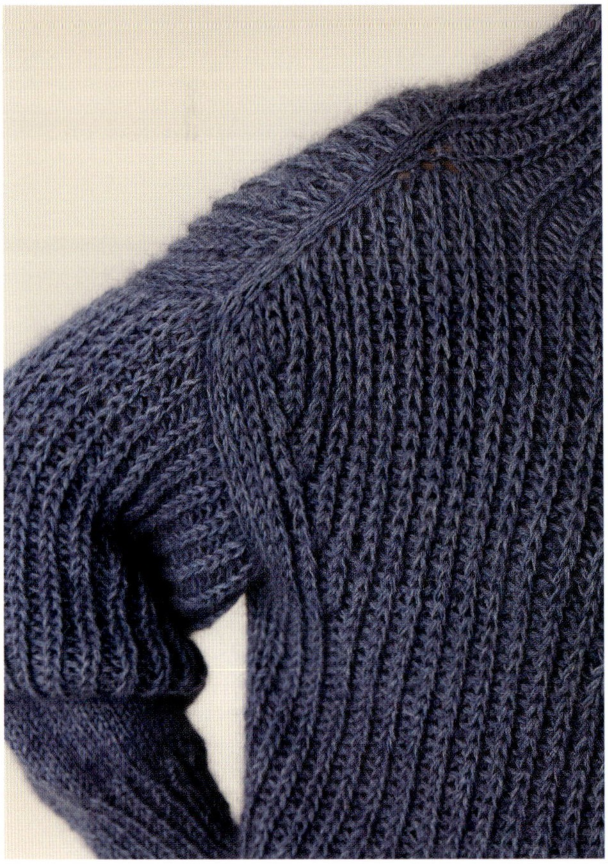

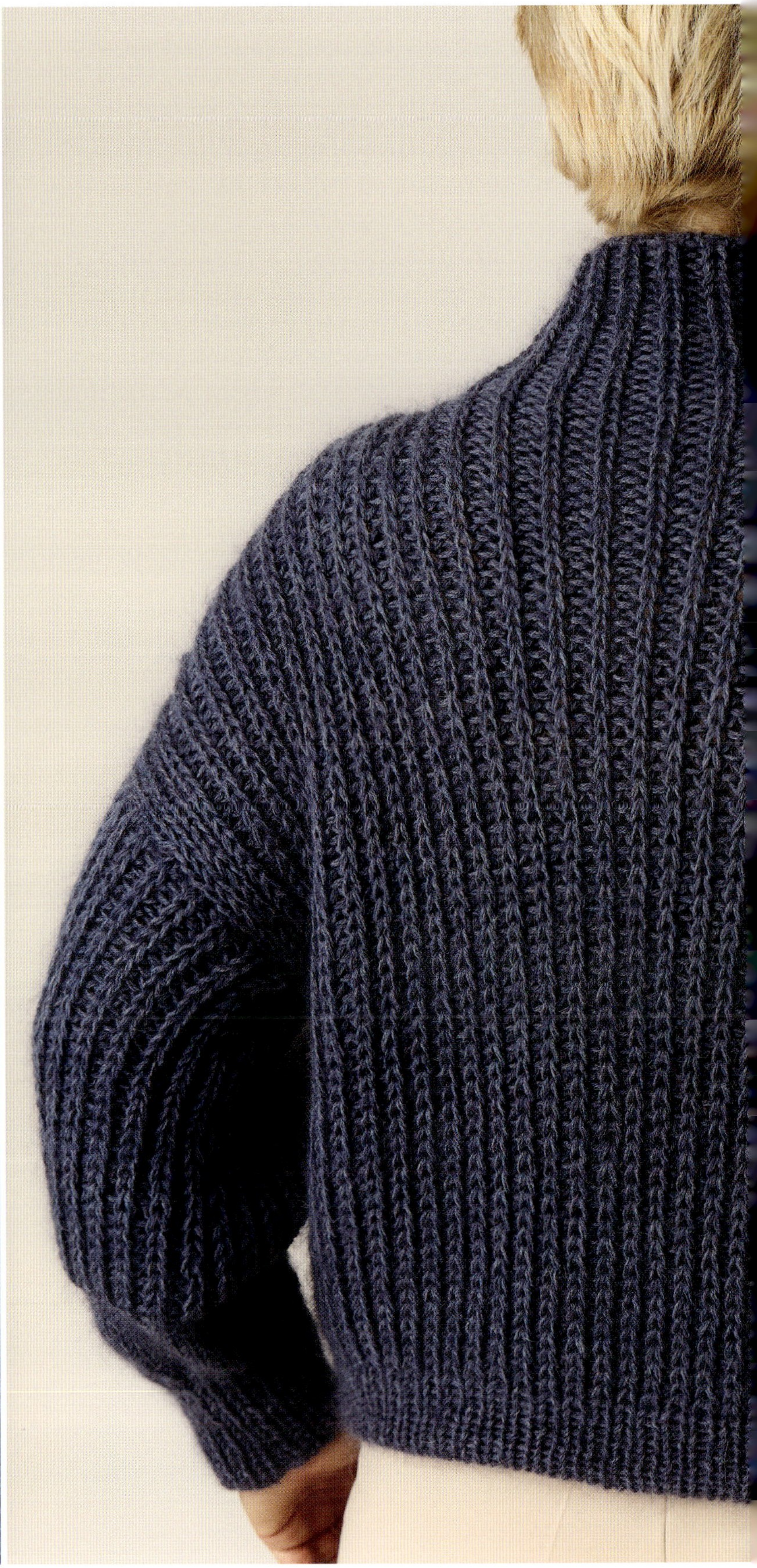

ANSTRICKEN DES RÜCKENTEILS AN DIE SCHRÄGEN SCHULTERNÄHTE UND DEN KRAGEN

Stricke aus der Schulternaht des linken Vorderteils von der rechten Seite 25 (29) 33 (37) 41 (45) M. Achte hier darauf, dass du die M alle aus einer M-Linie aufnimmst.
Hier musst du bei einigen Rdm 2 oder 3 M aus einer M herausstr, damit du auf die gewünschte M-Zahl kommst, notiere dir die Reihenfolge.
Schneide den Faden ab, wende die Arbeit und lege 17 (21) 25 (29) 33 (37) M ohne diese zu str auf die rechte Nd. Stricke die letzten 8 M wie folgt:
1 M rechts, 1 M links, 1 M rechts, 5 M Blendenmuster.
1. R: 5 M Blendenmuster, 3 M Halbpatent + 1 M rechts, 1 M links der stillgelegten Schultermaschen str, Arbeit wenden.
2. R: 1 M rechts abheben, 4 M Halbpatent, 5 M Blendenmuster.
3. R: 5 M Blendenmuster, 5 M Halbpatent + 1 M rechts, 1 M links der stillgelegten Schultermaschen str, Arbeit wenden.
4. R: 1 M rechts abheben, 6 M Halbpatent, 5 M Blendenmuster.
Die 3. und 4. R sinngemäß noch 6 (8) 10 (12) 14 (16)x str.
Anschließend noch 1x die 3. R str und die letzte stillgelegte M der Schulter mit str = 25 (29) 33 (37) 41 (45) M.
Stricke in der nächsten R die stillgelegten 21 M des Kragens für das Rückenteil mustergemäß im Halbpatent mit.
Nimm im Anschluss aus der Schulterkante des rechten Vorderteils exakt die gleiche M-Zahl auf wie beim linken Vorderteil, nimm hier deine Notizen zu Hilfe.
Die rechte Seite wird gegengleich zur linken Seite gestrickt:
Stricke 1 Rückr:
5 M Blendenmuster, 1 M rechts, 1 M links, 1 M rechts, Arbeit wenden.
1. R: 1 M links abh, 2 M Halbpatent, 5 M Blendenmuster.
2. R: 5 Blendenmuster, 3 M Halbpatent + 1 M links, 1 M rechts der stillgelegten Schultermaschen str, Arbeit wenden.
3. R: 1 M links abheben, 4 M Halbpatent, 5 M Blendenmuster.
4. R: 5 M Blendenmuster, 5 M Halbpatent + 1 M links, 1 M rechts, Arbeit wenden.
5. R: 1 M links abheben, 6 M Halbpatent, 5 M Blendenmuster.
Die 4. und 5. R noch 6 (8) 10 (12) 14 (16)x str.
Anschließend noch 1x die 4. R str und die letzte stillgelegte M der Schulter mit str = 25 (29) 33 (37) 41 (45) M.
Nun die R mustergemäß zu Ende str.
Stricke nun 4 R im Muster.
In der nächsten R nimm zur Formung des Rückenteils wie folgt ab:
5 M Blendenmuster, 3 M Halbpatent, 3 M rechts zusammenstricken, 49 (57) 65 (73) 81 (89) M Halbpatent, 3 M rechts zusammenstricken, 3 M Halbpatent, 5 M Blendenmuster.
Stricke weiter 42 R mustergemäß.

ZUSAMMENLEGEN VON VORDER- UND RÜCKENTEIL

Lege die M des Vorderteils wieder auf die Nd, schlage 1 M zum Musterausgleich an, stricke alle M des Vorderteils in der gleichen Mustereinteilung weiter, schlage 1 M zum Musterausgleich an, setze einen MM für den Rd-Beginn.
Stricke nun in Rd weiter, bis du eine Gesamthöhe, inklusive Kragen, von 57 (59) 59 (61) 61 (61) cm erreicht hast.
Arbeite nun noch 5 cm im Blendenmuster, integriere die seitlichen 11 M zwischen dem Vorder- und Rückenteil entsprechend in das Muster.
Kette nun alle M italienisch ab.

ÄRMEL

Nimm direkt aus den Rdm des Armausschnittes 50 (54) 58 (62) 66 (70) M auf, setze einen MM für den Rd-Beginn und stricke insgesamt 25 cm im Halbpatent.
Stricke im Anschluss noch 7 cm glatt rechts und nimm in der letzten Rd gleichmäßig verteilt 16 (16) 18 (18) 20 (20) M ab, dann stricke weitere 9,5 cm im 1/1 Rippenmuster.
Kette anschließen italienisch ab und stricke hierfür noch 2 Vorbereitungs-Rd:
1. Rd: *1 M links verschränkt abheben mit dem Faden vor der Arbeit, 1 M rechts verschränkt str*, von *-* wdh bis zum Ende der Rd.
2. Rd: *1 M links verschränkt str, 1 M rechts verschränkt abheben mit dem Faden hinter der Arbeit*, von *-* wdh bis zum Ende der Rd.
Kette nun alle M italienisch ab.

FERTIGSTELLUNG

Vernähe alle Fäden sorgfältig. Falls erforderlich, wasche den Sweater gemäß den Angaben des Garnherstellers, ziehe ihn in Form und lass ihn liegend trocknen.

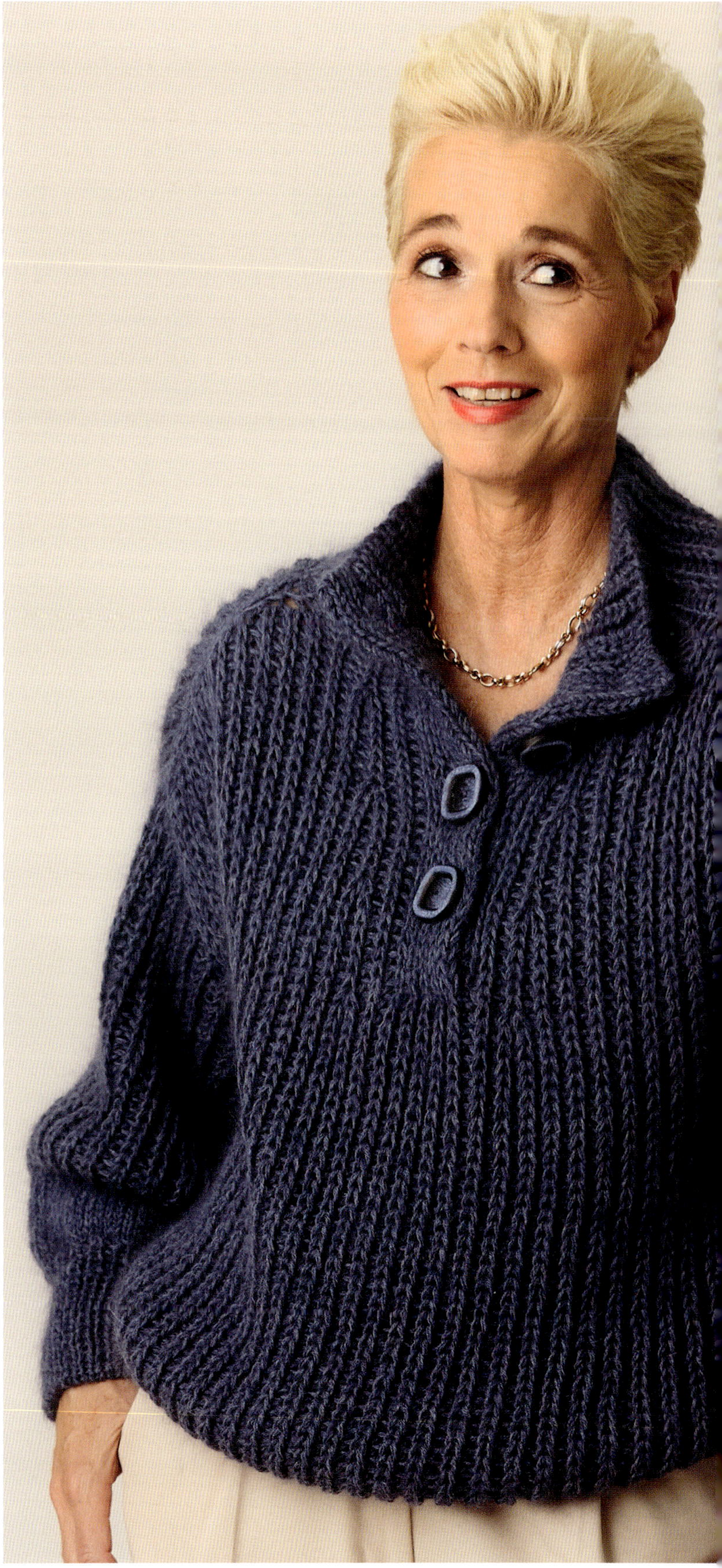

Profi-Tipp

„ICH MÖCHTE LIEBER DIE GROBE SEITE DES HALBPATENTS NACH AUSSEN." Magst du die grobe Seite des Halbpatents lieber? Dann vertausche an der mit Sternchen markierten Stelle einfach die Reihenangaben: Stricke in der 1. Reihe die Beschreibung von der 2. Reihe und umgekehrt.

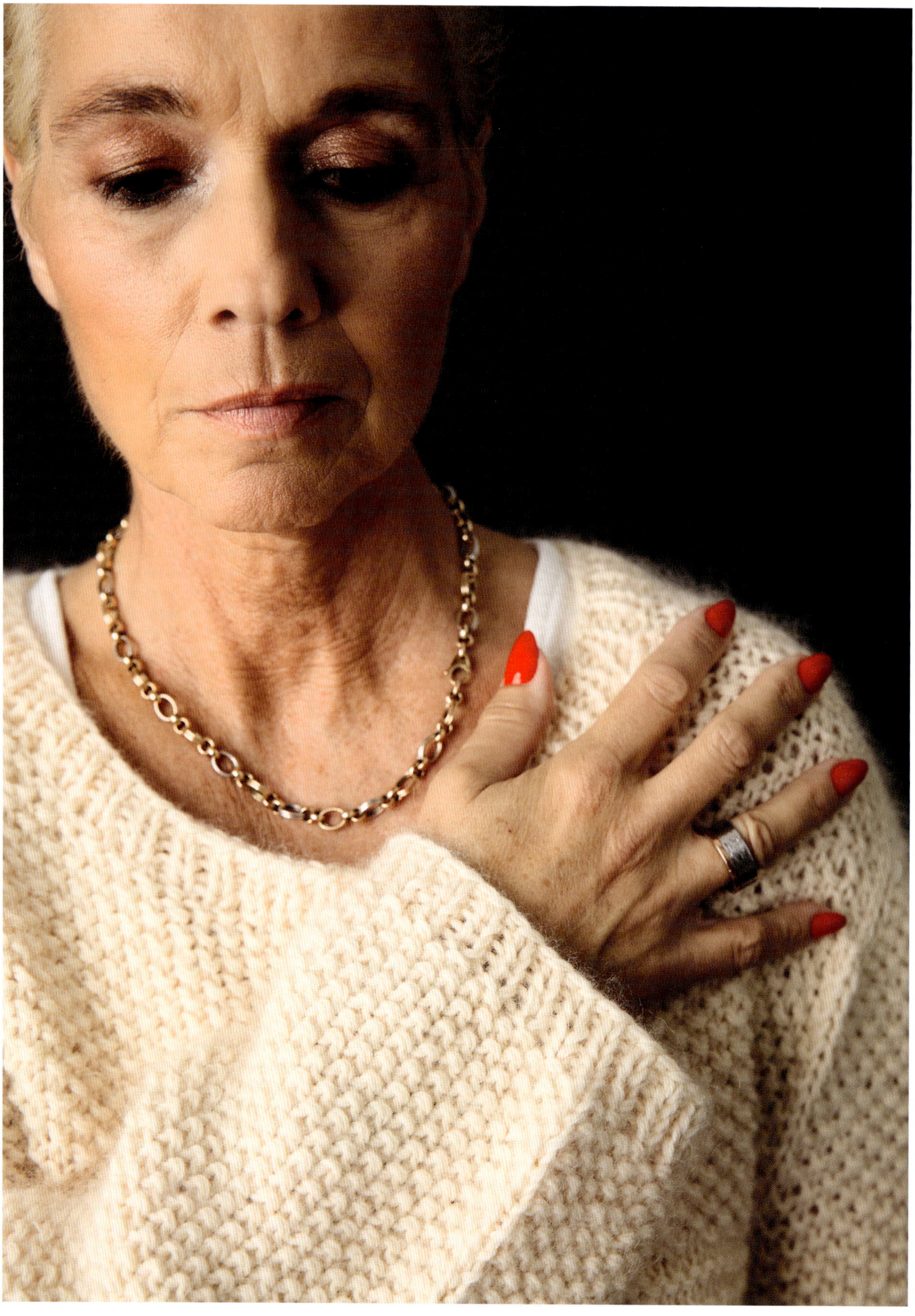

Pearl

Pearl wird von oben nach unten gestrickt. Du beginnst mit dem hinteren Halsausschnitt und formst durch seitliche Zunahmen im Perlmuster die Schulterpartie, sowie gleichzeitig Rücken- und Vorderteile. Nachdem die Schulterbreite erreicht ist, werden direkt die Ärmel durch weitere Zunahmen geformt und mitgestrickt. Zeitgleich wird der vordere Halsausschnitt geformt und geschlossen und sobald die Armlochhöhe erreicht ist, trennst du die Ärmel vom Körper und strickst die breite Lochmusterpasse. Anschließend strickst du Körper und Ärmel im Perlmuster zu Ende. Den Kragen strickst du am Ende direkt aus der Halsausschnittöffnung an.

3 SCHWIERIGKEITSGRAD

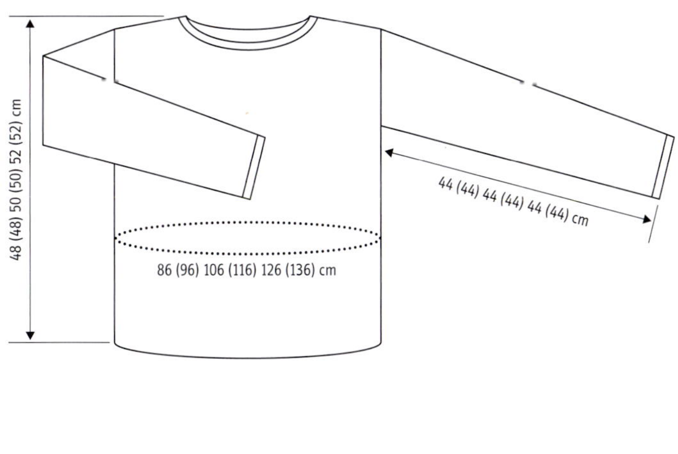

Größen

	GRÖSSE 1	GRÖSSE 2	GRÖSSE 3	GRÖSSE 4	GRÖSSE 5	GRÖSSE 6
GESTRICKTE OBERWEITE	86 cm	96 cm	106 cm	116 cm	126 cm	136 cm
GESAMTLÄNGE AB KRAGEN	48 cm	48 cm	50 cm	50 cm	52 cm	52 cm
UNTERARMLÄNGE	44 cm	44 cm	44 cm	44 cm	44 cm	44 cm

Alle Werte sind ca.- Angaben. Diese können durch die Wahl des Garns und die Strickeigenschaften abweichen. Die Länge des Körpers und der Ärmel kann individuell angepasst werden.

Material

LANGYARNS Alpaca Soxx 6ply (70% Alpaka, 30% Polyamid, LL 390 m/150 g) in Vanille (Fb 2), 300 (450) 450 (450) 600 (600) g

LANGYARNS Mohair Luxe (77% Mohair, 23% Seide, LL 175 m/25 g) in Offwhite (Fb 94), 75 (100) 125 (150) 175 (200) g

Es werden 2 Fäden Alpacca Soxx 6ply und 1 Faden Mohair Luxe zusammen verstrickt.

Rundstricknadeln 7,0 mm, 60, 80 und 100 cm lang

Separate Seile oder extra Fäden zum Stilllegen von Maschen

Maschenmarkierer

Hilfsnadel

Maschenprobe

Im Grundmuster mit Nd 7,0 mm 14 M und 20 R = 10 cm x 10 cm

Muster

GRUNDMUSTER (PERLMUSTER)

In R:

1. R: 1 M rechts, 1 M links im Wechsel str.

2. R: Rechts erscheinende M links, links erscheinende M rechts str.

In Rd:

1. Rd: 1 M rechts, 1 M links im Wechsel str.

2. Rd: 1 M links, 1 M rechts im Wechsel str.

RANDMASCHE

Hinr: Die Rdm jeweils rechts str.

Rückr: Die Rdm jeweils links str.

1/1 RIPPENMUSTER

In Rd: 1 M rechts, 1 M links im Wechsel str.

GLATT RECHTS

In R: Hinr: Alle M rechts str. Rückr: Alle M links str.

In Rd: Stets rechte M str.

KRAUS RECHTS

In R: Hinr: Alle M rechts str. Rückr: Alle M rechts str.

In Rd: 1 Rd rechte M, 1 Rd linke M im Wechsel str.

ZUNAHMEN

Zun-re: Hebe den Querfaden zwischen 2 M von hinten auf die linke Nd und stricke ihn rechts ab.

Zun-li: Hebe den Querfaden zwischen 2 M von vorne auf die linke Nd und stricke ihn rechts verschränkt ab.

Zun-re-li: Hebe den Querfaden zwischen 2 M von hinten auf die linke Nd und stricke ihn links ab.

Zun-li-li: Hebe den Querfaden zwischen 2 M von vorne auf die linke Nd und stricke ihn links verschränkt ab.

LOCHMUSTERPASSE

1 Mustersatz = 10 M und 36 Rd.

Es sind nur die ungeraden Rd gezeichnet. In den geraden Rd die M str, wie sie erscheinen, bzw. kraus rechte M links str.

Die Strickschrift wird von rechts nach links gelesen.

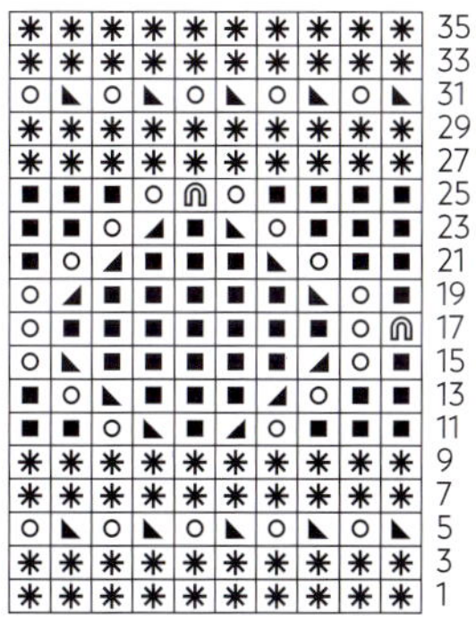

Zeichenerklärung

= 1 Masche rechts

= 2 Maschen überzogen zusammenstricken

= 2 Maschen rechts zusammenstricken

= 1 Umschlag

= 2 Maschen zusammen wie zum Rechtsstricken abheben, 1 Masche rechts, die 2 abgehobenen Maschen zusammen überziehen

= 1 Masche kraus rechts

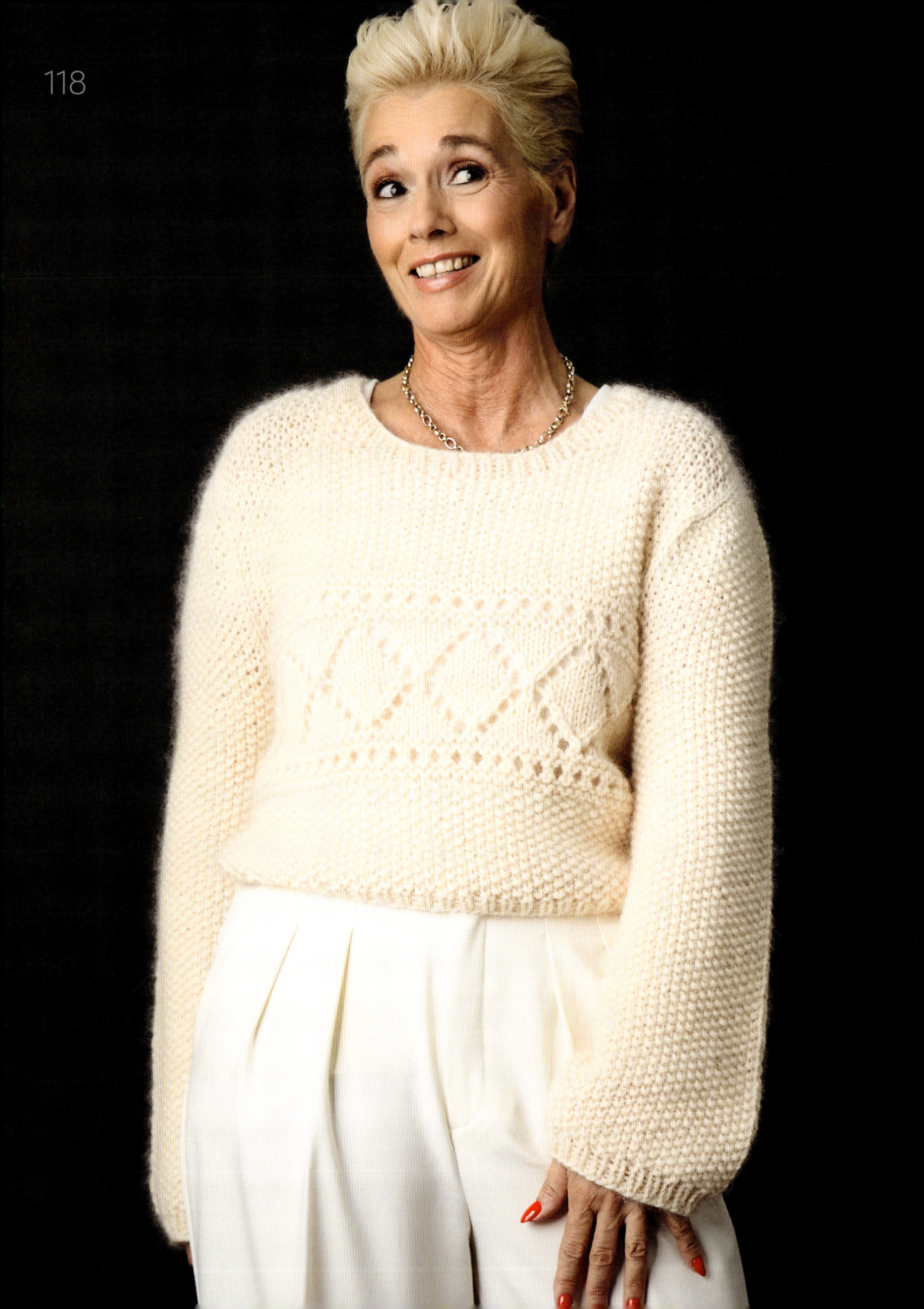

Anleitung

Bitte lies zuerst die Anleitung sorgfältig, da einige Arbeitsschritte gleichzeitig gestrickt werden.
Schlage mit 2 Fäden Alpacca Soxx 6ply und 1 Faden Mohair Luxe zusammen 29 M an. Stricke 1 Rückr linke M.
1. R: Rdm, 1 Zun-re, MM setzen, 1 M rechts = Schulternaht, MM setzen, 1 Zun-li, 25 M Grundmuster, 1 Zun-re, MM setzen, 1 M rechts = Schulternaht, 1 Zun-li, Rdm = 33 M.
Setze die MM an der jeweiligen Stelle um.
2. R: Rdm, 1 M Grundmuster, 1 Zun-li-li, 1 M links = Schulternaht, 1 Zun-re-li, 27 M Grundmuster, 1 Zun-li-li, 1 M links = Schulternaht, 1 Zun-re-li, 1 M Grundmuster, Rdm = 37 M.
Wiederhole die 1. und 2. R noch weitere 4 (5) 6 (7) 8 (9)x = weitere 8 (10) 12 (14) 16 (18) Zunahmen pro Schulterseite von Vorder- und Rückenteil. Stricke diese Zunahmen jeweils direkt im Grundmuster = 69 (77) 85 (93) 101 (109) M.
In der 11. R beginnen für Größe 1 die Zunahmen für die Ärmel: die M der linken Vorderteil-Hälfte im Grundmuster bis zur letzten M str, diese letzte M ab dieser Stelle immer glatt rechts str, für den Ärmel: (1 Zun-li, 1 M der Schulternaht rechts, 1 Zun-re), alle M des Rückenteils str, dabei ab hier die 1. und letzte M glatt rechts str, für den Ärmel: (1 Zun-li, 1 M der Schulternaht rechts, 1 Zun-re), die M der rechten Vorderteil-Hälfte im Grundmuster str, dabei die 1. M nach dem Ärmel immer glatt rechts str.
Stricke für Größe 1 insgesamt 15 Zunahmen für die Ärmel in jeder R/Rd. Stricke die Ärmel-M im Grundmuster.
Für alle anderen Größen weiterhin wie zuvor beschrieben die Schulterzunahmen str.
In der 13. R beginnen für die Größe 2 die Zunahmen für die Ärmel (siehe 11. R für Größe 1) und für alle Größen die Zunahmen für die Halsausschnittrundung:
Rdm, 1 Zun-re, alle M der linken Vorderteil-Hälfte, der Ärmel (inklusive der Zunahmen für Größe 1 und 2), des Rückenteils und der rechten Vorderteil-Hälfte bis zur letzten M str, 1 Zun-li-li, Rdm.
Stricke die Ärmel-M für alle Größen im Grundmuster.
Stricke für Größe 2 insgesamt 17 Zunahmen für die Ärmel in jeder R/Rd.
Die Zunahmen für die Halsausschnittrundung werden in jeder Hinr insgesamt 6x gestrickt, immer unter Berücksichtigung aller anderen Arbeitsschritte.
In der 15. R beginnen für die Größe 3 die Zunahmen für die Ärmel (siehe 11. R für Größe 1), stricke insgesamt 19 Zunahmen in jeder R/Rd.
In der 17. R beginnen für die Größe 4 die Zunahmen für die Ärmel (siehe 11. R für Größe 1), stricke insgesamt 21 Zunahmen in jeder R/Rd.
In der 19. R beginnen für die Größe 5 die Zunahmen für die Ärmel (siehe 11. R für Größe 1), stricke insgesamt 23 Zunahmen in jeder R/Rd.
In der 21. R beginnen für Größe 6 die Zunahmen für die Ärmel (siehe 11. R für Größe 1), stricke insgesamt 25 Zunahmen in jeder R/Rd.
Nachdem alle Zunahmen für die Ärmel gestrickt wurden, wird der Ärmel gerade im Grundmuster weitere 18 (20) 22 (24) 26 (28) R/Rd gestrickt.
In der 23. R werden die Vorderteil-Hälften geschlossen und die Arbeit wird in Rd weitergestrickt, beachte auch hier alle weiteren Arbeitsschritte:
Stricke alle M und Zunahmen wie beschrieben bis zum Ende der R, schlage 11 M im einfachen Schlingenanschlag neu an, schließe die Arbeit zur Rd, stricke alle M der linken Vorderteil-Hälfte und setze einen MM für den Rd-Beginn. Stricke im Muster weiter, bis du die letzte Rd der Ärmelangaben gestrickt hast.

TRENNEN VON ÄRMEL- UND KÖRPERMASCHEN

Lege die 31 (35) 39 (43) 47 (51) M des linken Ärmels still, schlage 5 (6) 7 (8) 9 (10) Achsel-M mit dem einfachen Schlingenanschlag neu an, setze in der Mitte für den Rd-Beginn einen MM. Stricke alle M des Rückenteils im Grundmuster, lege die 31 (35) 39 (43) 47 (51) M des rechten Ärmels still, schlage 5 (6) 7 (8) 9 (10) Achselmaschen mit dem einfachen Schlingenanschlag neu an, stricke alle M des Vor-

derteils im Grundmuster = 100 (110) 120 (130) 140 (150) M.
Stricke nun für die nächsten 36 Runden die Lochmusterpasse, siehe hierzu die Strickschrift.
Stricke den Mustersatz 10 (11) 12 (13) 14 (15)x in der Breite und 1x in der Höhe.
Danach stricke wieder im Grundmuster, bis du eine Gesamthöhe von 46 (46) 48 (48) 50 (50) cm hast, gemessen ab Anschlagskante Rückenteil.
Arbeite nun noch 2 cm im 1/1 Rippenmuster und kette anschließend alle M im Muster ab.

ÄRMEL

Lege deine 31 (35) 39 (43) 47 (51) Ärmel-M wieder auf eine Nd, stricke direkt aus der Achselkante des Körpers 5 (7) 7 (9) 9 (11) Achselmaschen heraus und stricke diese im Anschluss im Grundmuster = 40 (42) 46 (52) 56 (62) M.
Stricke nun im Grundmuster in Rd weiter, bis du ab Achselkante eine Länge von 42 cm erreicht hast.
Arbeite nun noch 2 cm im 1/1 Rippenmuster und kette anschließend alle M im Muster ab.

FERTIGSTELLUNG

Vernähe alle Fäden sorgfältig. Falls erforderlich, wasche den Sweater gemäß den Angaben des Garnherstellers, ziehe ihn in Form und lass ihn liegend trocknen.

Profi-Tipp

„MEIN PULLOVER HAT EINEN FLECKEN.“ Du hast einen Flecken auf deinem Pullover? Tupfe ihn zuerst immer mit einem saugfähigen Tuch ab, reibe keinesfalls, denn dadurch beschädigst du die Fasern und evtl. wirst du so eine unschöne Stelle behalten. Du möchtest ihn auch nicht komplett waschen oder reinigen lassen? Es gibt ja diverse Tipps, wie man am besten einen Flecken entfernt. Eine Essiglösung hilft in vielen Fällen. Aber vergewissere dich immer zuerst, dass sie das Garn nicht beschädigt. Solltest du noch eine Maschenprobe von deinem Pullover haben, dann teste es zuerst hier. Also noch ein Tipp: immer die Maschenprobe aufbewahren!

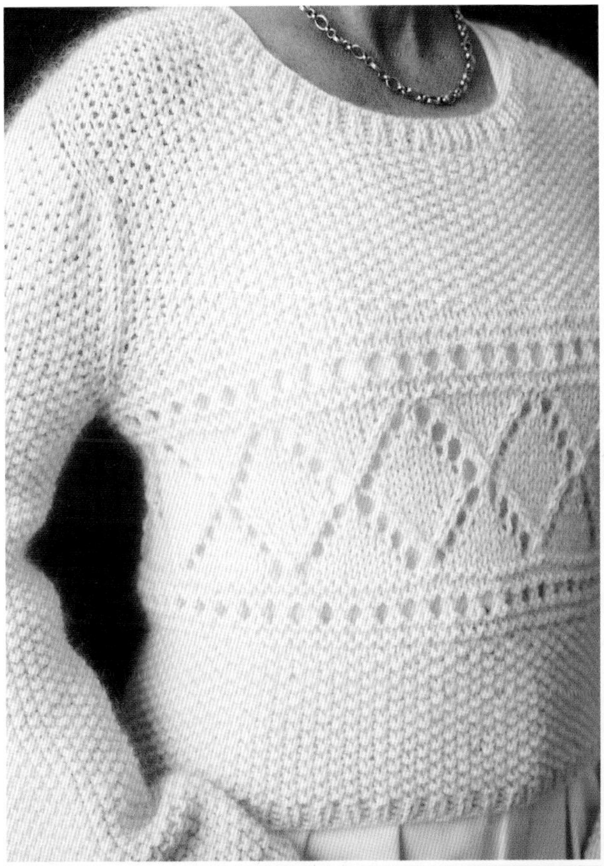

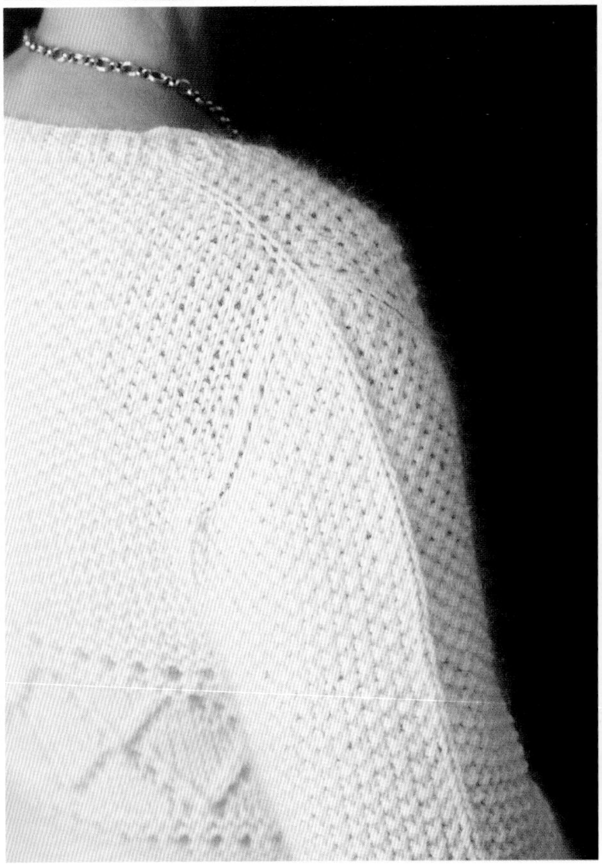

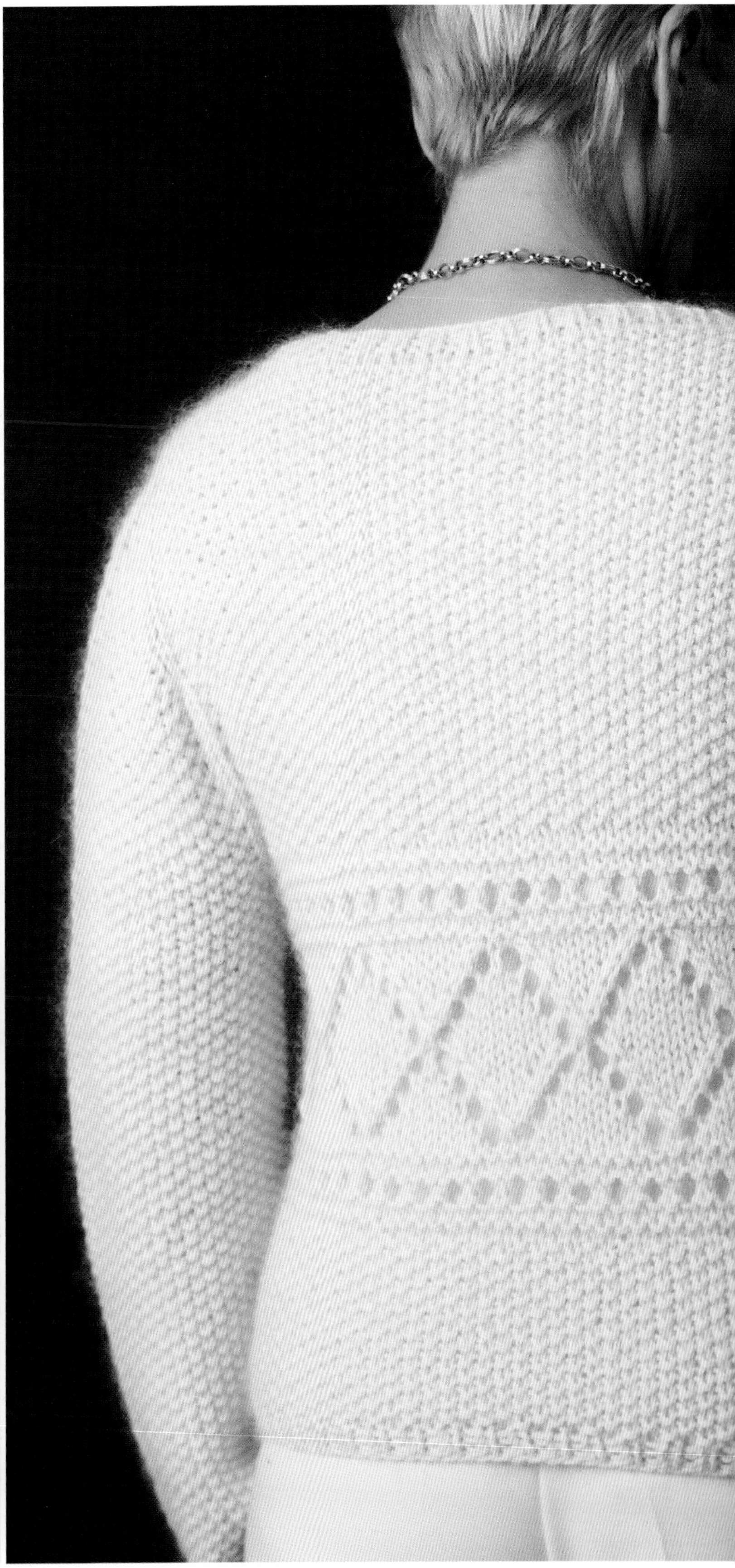

Abkürzungen

abk	abketten
anschl	anschlagen
DM	Doppelmasche
Fb	Farbe
Hinr	Hinreihe(n)
HPM	Halbpatentmasche
M	Masche(n)
MM	Maschenmarkierer
Nd	Nadel(n)
R	Reihe
Rd	Runde
Rdm	Randmasche (Die erste M rechts str, die letzte M wie zum Linksstricken abheben, Faden vor der Arbeit.)
Rdm rechts	Die Randmasche rechts stricken
Rdm links	Die Randmasche links stricken
RgZ	Raglanzunahme
Rückr	Rückreihe(n)
str	stricken
1 U	1 Umschlag
wdh	wiederholen
Zun-li	Mit der linken Nadel von vorne den Querfaden auf die Nadel heben und rechts verschränkt stricken.
Zun-li-li	Mit der linken Nadel von vorne den Querfaden auf die Nadel heben und links verschränkt stricken.
Zun-re	Mit der linken Nadel von hinten den Querfaden auf die Nadel heben und rechts stricken.
Zun-re-li	Mit der linken Nadel von hinten den Querfaden auf die Nadel heben und links stricken.
2 M rechts überzogen zusammenstricken	1 Masche wie zum Rechtsstricken abheben, 1 Masche rechts str, dann die abgehobene Masche darüberziehen

1 SCHWIERIGKEITSGRAD
leicht

2 SCHWIERIGKEITSGRAD
mittel

3 SCHWIERIGKEITSGRAD
schwer

DANKE!

Nun sitze ich hier, tatsächlich am Ende einer langen Reise an meinem Schreibtisch, um die letzten Zeilen für das Manuskript zu schreiben und ich bin einfach nur unglaublich dankbar!

Dankbar dafür, dass ich dieses wunderschöne Buch schreiben durfte! Aber auch wohlwissend, dass es nicht ohne so viel Unterstützung und helfende Hände möglich gewesen wäre.

Da ist zum einen der Frech-Verlag, der das Vertrauen in mich gesetzt hat und gesagt hat: ja klar, wir machen das Buch mit dir! Von Anfang an fühlte ich mich in diesem professionellen Team bestens aufgehoben.

Aber allen voran möchte ich natürlich meine Projektleiterin Mareike Upheber erwähnen. Sie hat mit viel Geduld all meine Wünsche und Gedanken umgesetzt und hat mit viel „Feingefühl" letztendlich das Buch zu dem gemacht, was es heute ist. Vielen Dank Mareike! Wirklich – von Herzen!

Aber da gibt es natürlich auch meinen Hauptsponsor für die wunderbaren Garne, mit denen ich hier arbeiten durfte: LANGYARNS hat mir alle Garne großzügig zur Verfügung gestellt und wirklich alles möglich gemacht. Herzlichen Dank dafür!

Ein großer Dank geht an das Fotostudio Lichtpunkt Michael Ruder in Stuttgart. Wunderschöne Fotos sind bei den Shootings entstanden. Michael gab mir ab der ersten Minute ein gutes Gefühl, damit ich mich vor der Kamera frei bewegen konnte.

Natürlich möchte ich auch hier meiner Lektorin Frau Arnhilt Tittes ein großes Dankeschön sagen. Sie hat alle Texte und Anleitungen en Detail überprüft und korrigiert und somit sichergestellt, dass die Anleitungen fehlerfrei nachgestrickt werden können.

Last but never least möchte ich mich natürlich bei meiner Familie bedanken, die mich unterstützt hat und sich wirklich nie darüber beklagt hat, dass überall im Haus Wolle herumliegt und ich so wenig Zeit für manch anderes hatte. Danke, ich liebe euch! Dafür und für alles andere!

Die DigiBib – Alle Updates für dich
Hier findest du Aktualisierungen und Korrekturen zu deinem Produkt!
www.topp-kreativ.de/digibib
Freischaltcode: 55420

SERVICE-HOTLINE

Gern helfen wir dir auch persönlich weiter. Ruf uns an oder schreib uns eine E-Mail:
Telefon: 0711/12375720* *normale Telefongebühren
E-Mail: hilfe@frechverlag.de
Weitere Informationen zum Verlag und zu unserem gesamten Programm findest du unter: www.topp-kreativ.de
Für aktuelle Infos, Gratis-Anleitungen und Gewinnspiele abonniere unseren monatlichen Newsletter unter www.TOPP-kreativ.de/Newsletter

DANKE!

Wir danken der Firma Lang & Co. AG (www.langyarns.com) für die Unterstützung bei diesem Buch.

IMPRESSUM

FOTOS: frechverlag GmbH, 70839 Gerlingen; lichtpunkt, Michael Ruder, Stuttgart
PRODUKTMANAGEMENT: Mareike Upheber
LEKTORAT: Arnhilt Tittes, Rheinfelden
COVER: Eva Hook
LAYOUT: Petra Theilfarth
DRUCK: PNB Print Ltd, Lettland

2. Auflage 2025

ISBN 978-3-7358-7093-3 • Best.-Nr. 27093

MIX
Papier | Fördert gute Waldnutzung
FSC® C084698

Penguin Random House Verlagsgruppe
FSC® N001967

Mörderische Verstrickungen: Der Tod hält auf wollenen Socken Einzug ins bayrische Idyll …

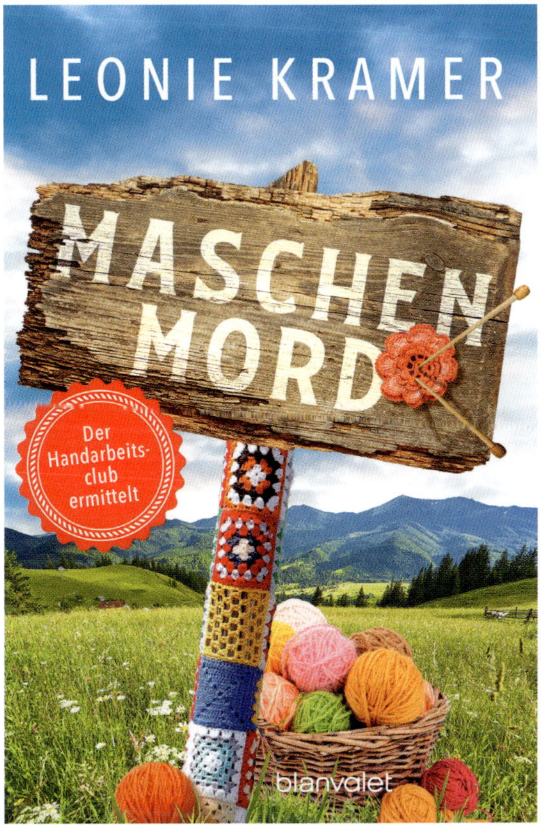

464 Seiten. ISBN 978-3-7341-1156-3

Ariadne Schäfer, Besitzerin des Handarbeitsladen »Wolllust« in Madlfing bei Murnau, ist entsetzt, als ihre Verkäuferin tot im Laden aufgefunden wird – erdrosselt mit einem selbstgestrickten Lace-Schal. War der Täter vielleicht gar einer ihrer Kunden? Zusammen mit dem MKHC, dem Madlfinger Krimi- und Handarbeitsclub, will sie der Frage auf den Grund gehen. Die umtriebigen Damen kommen dabei Kommissar Tim Wallenstein in die Quere. Frisch in die bayerische Provinz versetzt, muss der Kommissar erkennen, dass das Landleben weder friedlich noch Handarbeit ungefährlich ist. Beides kann zu unlösbaren Verstrickungen führen und tödlich enden.

Lesen Sie mehr unter: **www.blanvalet.de**